D1996036

Unverkäufliches Leseexemplar
Bitte keine Rezensionen
vor dem 12. November 2010

ullstein

Das Buch

Mit Millionen Männern teilt Markus Götting ein großes Problem: Er schnarcht. Nicht nur manchmal und ein bisschen, sondern IMMER und LAUT. Für sein Single-Dasein war das hilfreich – die Frauen waren nach einem One-Night-Stand noch in der Nacht geflüchtet. Nun wird es zum echten Problem: Denn er hat sich in Lena verliebt und möchte nichts lieber, als mit ihr die ganze Nacht zu verbringen. Doch sein Schnarchen erscheint ihm als Beziehungskiller, und so verheimlicht er der Angebeteten sein Problem, hält sich mit Espresso wach oder schläft heimlich tagsüber. Erst als Lena hinter sein schmutziges Geheimnis kommt und ihm die Pistole quasi auf die Nase setzt, macht Markus sich auf eine Odyssee durch Apotheken, Arztpraxen, in Schlaflabors. Was kann einem echten Schnarcher wirklich helfen, seine Beziehung zu retten?

Der Autor

Markus Götting, Jahrgang 1971, lebt mit seiner Frau und zwei Kindern in München. Er studierte Politik- und Kommunikationswissenschaft in Augsburg und besuchte anschließend die Deutsche Journalistenschule in München. Als Journalist war er bei der *Süddeutschen Zeitung* und beim *SZ-Magazin* tätig, bevor er 2001 zum *stern* gewechselt ist. Inzwischen arbeitet er dort als Reporter für das Ausland-Ressort. Für die Titelstory über sein Schnarcherleiden wurde er mit dem Europäischen Journalistenpreis der deutschen Medizinjournalisten ausgezeichnet.

MARKUS GÖTTING

nachts im sägewerk

DIE CHAOTISCHE LIEBESGESCHICHTE
EINES SCHNARCHERS

Ullstein

Besuchen Sie uns im Internet:
www.ullstein-taschenbuch.de

FSC
Mix
Produktgruppe aus vorbildlich bewirtschafteten Wäldern und anderen kontrollierten Herkünften
www.fsc.org Zert.-Nr. GFA-COC-001278
© 1996 Forest Stewardship Council

Dieses Taschenbuch wurde auf FSC-zertifiziertem Papier gedruckt. FSC (Forest Stewardship Council) ist eine nichtstaatliche, gemeinnützige Organisation, die sich für eine ökologische und sozialverantwortliche Nutzung der Wälder unserer Erde einsetzt.

Originalausgabe im Ullstein Taschenbuch
1. Auflage Dezember 2010

Umschlagkonzept: HildenDesign, München
Umschlaggestaltung: Sabine Wimmer, Berlin unter Verwendung einer Illustration von Antje Damm/Agentur für Literatur und Illustration Susanne Koppe, Hamburg
Satz: LVD GmbH, Berlin
Gesetzt aus der Sabon
Papier: Pamo Super von Arctic Paper Mochenwangen GmbH
Druck und Bindearbeiten: CPI – Ebner & Spiegel, Ulm
Printed in Germany
ISBN 978-3-548-37352-2

Für Gesa

kapitel 1

Ich bin kein Mann für eine Nacht. So lange hat es in letzter Zeit leider keine Frau mehr mit mir ausgehalten. Ich bin der Typ, den man im Kino erst ordentlich anpöbelt und dann mit Popcorn bewirft, nur weil er mal kurz bei »Ocean's 12« eingenickt ist. Ich bin der Alptraum aller Hotelgäste, die zufällig in meiner Nähe einquartiert wurden. Wahrscheinlich wird sich eines Tages auf einem schwach beleuchteten Flur eine Art Bürgerwehr formieren und zum Sturm auf mein Zimmer blasen. Internationale Hotelketten werden meinen Namen auf eine schwarze Liste setzen – so wie man Falschspieler für Casinos sperrt.

Vielleicht klingt das jetzt ein bisschen paranoid, aber ich bin traumatisiert. Ehrlich. Neulich im Flugzeug zum Beispiel habe ich mich so unendlich blamiert, dass ich am liebsten mit einer Tüte über dem Kopf ausgestiegen wäre.

Ich hatte mich vor dem Start gemütlich in den grauen Sessel gekuschelt; den Kopf an die brummende Außenwand des Fliegers gelegt, schlief ich so fest ein wie ein Notfallchirurg, dem nach der 60-Stunden-Schicht das Koks ausgegangen ist.

Als ich wieder erwachte, machte es *Schrrr-rch,* ganz kurz nur, aber es klang irgendwie erschrocken. Und es kam aus meiner Nase. Das war nicht etwa diese Sorte sanftes Schnorcheln, das nach wohliger Behaglichkeit klingt, nach einem, der brav die Schäfchen zählt. Es war ein infernalischer Lärm, der locker die Flugzeugmotoren übertönte und sogar mich aus dem Schlaf gerissen hatte. Ein grauenvolles Grunzen wie von einem brünftigen Eber.

Hätte mir jemand einen Fallschirm angeboten – ich wäre sofort gesprungen. Wozu saß ich am Notausgang? Ich blickte mich um und sah in lauter feindselige Gesichter. Und verkroch mich noch tiefer in meinen Sitz. Allmählich dämmerte mir, dass ich nicht mal 55 Flugminuten gebraucht hatte, um 137 fremde Menschen gegen mich aufzubringen. Und das im Schlaf!

Bei der Lufthansa werden sie das vermutlich schon notiert haben.

Ich bin Schnarcher. Okay, das war mir nicht neu, auch ein paar meiner Freunde wissen Bescheid, tragischerweise aus eigener Erfahrung. Manchmal röchele ich so bedrohlich, als ginge es mit mir jeden Augenblick zu Ende. Aber dass ich mein spezielles Problem derart in aller Öffentlichkeit hinaustrompete, ist mir noch nie passiert. Doch wie sehr das Schnarchen mein ganzes Leben verändern, ja beherrschen sollte, würde ich erst ein paar Wochen später so richtig begreifen.

Alles fängt damit an, dass sich in meiner kleinen Zwei-Zimmer-Bude schon seit geraumer Zeit eine Art Slalom-Parcours aus Altpapier gebildet hat, der mich von Woche zu Woche vor größere Probleme stellt. Schon erstaunlich, wie viele alte Zeitungen und Magazine sich in einer so überschaubaren Wohnung ansammeln können. Rechtwinkelig angeordnete Stapel neben dem Sofa, ein in seiner Statik bemerkenswerter Wust auf meinem Schreibtisch; auf dem Nachttisch, neben dem Bett und darunter. Ausgerissene Artikel, die ich irgendwann mal beiseitegelegt habe, für später. Was man sich halt so vornimmt. Nach zwei Stunden habe ich einige beachtliche Berge Altpapier aufgeschichtet, für die ein karelischer Holzfäller mit Sicherheit einen ganzen Tag lang Bäume absägen muss.

Seit diese Event-Agentur im Erdgeschoss unseres Hauses eingezogen ist, steht ein großer Altpapiercontainer in unserem Innenhof. So wie es in meiner Wohnung aussieht, werde ich den wohl heute bis zum Rand füllen, und die Lauferei rauf und runter ergibt nebenbei auch noch ein Cardio-Fitnessprogramm wie eine Dreiviertelstunde auf dem Stepper – und zwar mit einer Drei-Kilo-Hantel in jeder Hand.

Auf meinem grauen T-Shirt ist in Brusthöhe mittlerweile ein Schweißfleck entstanden, der mit viel Fantasie als Schmetterlingsmotiv durchgehen könnte. Und gerade als ich eine der letzten Ladungen entsorge, kommt meine Nachbarin um die Ecke, die hübsche Blonde aus dem Hochparterre. Sie ist schwer beladen mit einem fetten Stapel Zeitschriften.

»Na, auch ausmisten?«, fragt sie und wuchtet den Stapel in die Tonne. Dann streckt sie mir ihre Hand entgegen. »Ich heiße übrigens Lena.« Sie sieht ein bisschen so aus wie die Mädchen in Hamburg, vor denen man als Münchner immer wieder Angst bekommt, weil sie so unnahbar wirken und vor allem so groß sind, dass sie über einen hinwegzublicken scheinen. Wahrscheinlich tun sie das auch. Sie ignorieren dich nicht mal.

Lena ist exakt so groß wie ich, jedenfalls in den Converse-Chucks, die sie gerade trägt. An ihren Beinen schlabbert eine ausgewaschene pinkfarbene Jogginghose, dazu hat sie sich ein schlichtes T-Shirt übergezogen. Ihre Haare sind zu einem nur mäßig akkuraten

Pferdeschwanz zusammengebunden, und ich bin mir auch nicht ganz sicher, ob sie am Morgen überhaupt geduscht hat. Jedenfalls ist sie ungeschminkt, die ganze Erscheinung ein einziger Out-of-Bed-Style. Ich mag das bei Frauen.

Ich habe sie schon ein paar Mal im Treppenhaus gesehen und fand sie jedes Mal ziemlich klasse. Trotzdem habe ich nie mehr als ein halbverlegenes »Hallo« rausgebracht. Eines Samstagmorgens, als ich vor einem Ausflug in die Berge einige Paar Ski an ihre Wohnungstür im Hochparterre gelehnt hatte, die sie dann fast erschlugen, als sie die Tür öffnete, um einkaufen zugehen, schaffte ich es immerhin zu einem »Oha«, gefolgt von einem gestammelten »Sorry«.

Lena erzählt jetzt, dass sie endlich mal Zeit hat, ihre Bude aufzuräumen. Dass sie seit drei Jahren in München lebt und von der Stadt im Prinzip nicht viel mehr gesehen hat als ihre Wohnung und das Büro. Und dass es das Büro nicht mehr gibt. Jedenfalls nicht für sie. Letzte Woche hat sie gekündigt.

»Oh«, sage ich, »was hast du denn gemacht?« Ich schäme mich sofort für diesen Satz. Es ist die münchnerischste aller Fragen. Die Grundform »Und was machst du so?« kommt jedenfalls deutlich vor: »Wie heißt du eigentlich?« Weil sich die Frage nach dem Namen je nach Antwort in der Regel eh nicht mehr stellt.

Sie hat in einer kleinen TV-Produktionsfirma gearbeitet, wo sie Gameshows entwickeln und Doku-Dramen mit Feuerwehrmännern und Polizisten und angeblichen Rechtsanwälten; es klingt in meinen Ohren nach dem überdrehten Universum der Privatsender. Aber sie hat eine Spielshow für die Öffentlich-Rechtlichen gemacht. Samstagabend.

»Ich meine, da reißt du dir den Arsch auf, und dann kommen diese Leute vom Sender daher und quatschen dir in alles rein. Und jetzt haben sie die Sendung auch noch komplett abgesetzt. Ich hab den Job echt geliebt. Und was machen die? Haben mir eine Gerichtsshow angeboten. Will man so was?«

»Gerichtsshow? Hm. Ja, weiß ich jetzt auch nicht so genau.«

Sie sagt: »Im Leben nicht!«

Lena sprudelt wie ein Gebirgsbach. Sie redet und redet, und ich könnte mir vorstellen, dass sie sicher eine gute Apnoe-Taucherin wäre, so selten wie sie Luft holen muss.

»Was war denn das für eine Sendung?«

»Ich war Redakteurin bei der 100 000-Euro-Show.«

»Ach echt? Klar, kenne ich. Neulich haben sie eine Freundin von mir gefragt, ob sie nicht bei einem dieser Spielchen mitmachen will.«

»Und?«

»Ich hab ihr abgeraten, ich fand die Sendung irgendwie bescheuert.«

Nun blickt Lena doch ein wenig indigniert drein, derweil ich innerlich konstatiere, dass ich ihr gegenüber nicht mal in der Lage bin, wenigstens an der Mülltonne einen netten Flirt hinzulegen. Ich denke: Na super, wieder fein hingekriegt. Kein Fettnäpfchen ist zu klein, um von mir nicht zielsicher angesteuert und getroffen zu werden. Alte Gewohnheit.

Der Deckel der Altpapiertonne steht immer noch offen, ein gieriger blauer Schlund, der weiter gefüttert werden will. Jetzt mal schnell vom Thema ablenken. »Also, ich bin so weit durch mit meinem Kram hier. Wenn du willst, kann ich dir noch ein bisschen bei der Schlepperei helfen. Hochparterre schaffe ich gerade noch.«

Lena schmunzelt. Sie sagt: »Und danach willst du mich noch auf einen Kaffee einladen, richtig?«

»Öh … um ehrlich zu sein: Ja, das war der Plan.«

»Dann wirst du dich wohl noch gedulden müssen. Ich klingel die Tage mal bei dir, okay?«

Was soll man darauf sagen? Dass ich ihr mit meinem unfassbar dämlichen Intro nicht das Lächeln ausgetrieben und sie in die Flucht geschlagen habe, spricht immerhin für eine gewisse Toleranz ihrerseits. Also murmel ich kleinlaut: »Ja, cool, alles klar.« Lena schließt den Deckel der Altpapiertonne und verabschiedet sich mit einem ziemlich netten Funkeln in den Augen. Nett und spöttisch.

kapitel 2

Lena geht mir nicht mehr aus dem Kopf. Vor allem dieser Schmollmund nicht, der niemals stillsteht. Die nächsten Tage schlurfe ich jedes Mal betont langsam die Treppe hinunter, ich brauche fast eine Viertelstunde für 28 Stufen: Könnte ja sein, dass ich ihr zufällig über den Weg laufe. Wobei das Zufällige daran durch die Zeitlupentaktik zugegeben leicht eingeschränkt ist. Wenn ich nach Hause komme, horche ich an ihrer Tür, ob wohl Musik läuft, oder ich schaue von draußen unauffällig nach, ob sie daheim ist. In sehr selbstkritischen Momenten komme ich mir allmählich vor wie ein Stalker.

Leider hat sie sich noch immer nicht gemeldet, und in meinen optimistischen Momenten rede ich mir ein, sie hat bestimmt schon fünfmal geklingelt, als ich zufällig gerade nicht zu Hause war. Also stehe jetzt ich vor ihrer Tür, mit dem leicht pochenden Herzen eines Teenies, der auf dem Schulhof seinen ersten Liebesbrief überbringt, und zwinge meinen Finger auf ihre Klingel.

»Hey«, sagt sie, als sie öffnet.

Ermutigt durch die ausbleibende Schelte, überspringe ich die Begrüßung und komme direkt zu meiner auswendig gelernten Eröffnung: »Ich wollte meine Schulden einlösen.«

»Schulden?«

»Der Kaffee. Du erinnerst dich?«

Sie sagt für einen Moment lang erst mal gar nichts. Lässt sie mich nur einen Augenblick zappeln oder bastelt sie an ihrer Ablehnung?

»Glaubst du, mit einem Kaffee ist es getan?«, fragt sie schließlich. »Was hast du heute Abend vor? Falls nichts, schlage ich vor, du lädst mich zum Essen ein.«

Verstehe. So billig komme ich also nicht davon. Ich stehe immer noch im Türrahmen, und Lena macht keine Anstalten, mich hereinzubitten. Nun denn. »Um acht?«

»Perfekt.«

Ein erfahrener, na ja zumindest etwas älterer Kollege gab mir mal den weisen Spruch mit auf den Weg: *»Never fuck in the company.«* Es hatte sich da so etwas angebahnt. Aber hier geht es um die Nachbarin, das dürfte allgemein sozial toleriert sein. Also, auf geht's: Noch mal Zähne putzen, Parfüm auf den Hals gesprüht und dann treppab.

Womöglich hätte ich Blumen mitbringen sollen, aber als ich vor ihrer Tür stehe, habe ich nur ein Lächeln dabei. Und die Kreditkarte, mit der ich sie nachher in dem Sushi-Laden eine Straßenecke weiter zum Essen einladen werde. Das »Harajuku« ist einer der ersten Läden in München, in dem man sich vorkommt wie in einer echten Großstadt. Die Sushi-Zubereiter rollen ihre Speisen an einer offenen Bar mit gläserner Theke. Ansonsten viel teures dunkles Holz, in der Mitte eine ewig lange Tafel mit Sitzbänken auf beiden Seiten. Asiatischer Minimalismus, und an die Wand projizieren sie mit Hilfe einer gelochten Walze ein bläuliches, fließendes Farbenspiel. Jedes Mal, wenn ich hier bin, frage ich mich, ob das nicht auch was für mein Wohnzimmer wäre. Jedenfalls wenn ich das handwerkliche Geschick besäße, so etwas zu installieren. Insofern: eine sehr hypothetische Frage.

Wir trinken eine Menge Sake aus diesen designigen quadratischen Holzbechern, und Lena tut mir den Gefallen, regelmäßig und tapfer über meine kleinen Gags zu lachen; sie hat dann immer so ein Grübchen auf der Wange, das ich extrem sexy finde. Überhaupt finde ich sie ganz großartig. Eine eigensinnige, unabhängige Frau, die zu erobern härter werden würde als Oskar Lafontaine von der Flat Tax zu überzeugen.

Was mir nicht klar ist: Wenn überhaupt, würde nicht *ich sie* erobern – bei solchen Frauen läuft das nämlich andersrum. Du merkst es nur nicht.

Ich betrachte Lenas lange feingliedrige Finger, ihre großen grünen Augen, ihre sanft geschwungenen Lippen. Wie die Wellen an einem windstillen Tag am Mittelmeer. Sie redet schnell und vor allem sehr viel, die Worte prasseln auf mich ein wie ein Hagelsturm im November. Der mir selbstverständlich vorkommt wie ein Frühlingsregen im Mai. Ich lege den Kopf ein wenig zur Seite und höre zu. Zwar kann ich ihren Gedankensprüngen nicht immer bis ans Ziel folgen, aber ihr Gesicht hat für mich ausreichend Unterhaltungswert.

»Bist du mir eigentlich noch böse?«, frage ich.

»Wieso?«

»Na, wegen der Sache, die ich über deine Show gesagt hab. Tut mir echt leid, war nicht so gemeint.«

Lena hat ein dezentes Make-up aufgelegt und trägt eine schmal geschnittene Tunika-Bluse von der Farbe eines Zitronenfalters. Sie winkelt ihre Arme an, legt die Ellbogen auf den Tisch und stützt ihren Kopf auf beide Hände. Aus dieser Position schaut sie mich an, als wollte sie sagen, du kannst dir deine kleinen Lügen sparen. Sie sagt: »Ich hab eben zufällig mit meiner Schwester telefoniert und ihr von unserer Müllcontainer-Begegnung erzählt. Sie hält dich für einen Arsch.«

Nachdem ich meine schockinduzierte Sprachlosigkeit überwunden habe, antworte ich: »Vielen Dank, dass du trotzdem mitgekommen bist.«

Je mehr Sake wir trinken, umso amüsanter wird das alles hier. Der DJ spielt jetzt ein sehr schnelles Jazz-Stück, ich glaube, es heißt »Blum Rouge«. Der Refrain geht: »I want you to get together. Put your hands together one time.« Gute Idee. Aber ob das jetzt schon passend wäre?

Der Drummer bearbeitet sein Schlagzeug in atemberaubendem Tempo, Klavier und Saxophon dazwischen, und Lena bewegt sich fast unmerklich dazu im Takt. Es scheint ihr zu gefallen.

»St. Germain«, sage ich. Zugegeben, auf den ersten Blick ein wenig kontextfrei.

»St. Germain? Paris? Hä?«

»Nein, die Band. Sie heißt St. Germain. Ich hab das ganze Album zu Hause. Wenn du magst, dann können wir ja nachher …«

Ich rede nicht weiter. Genauso gut hätte ich sie fragen können, ob sie meine Briefmarkensammlung sehen will. Das wäre wenigstens originell gewesen. Ich hätte sie auch fragen können, ob sie mich und meine Nase bald mal etwas näher kennen lernen möchte, um ihrer Schwester auch das noch zu erzählen. Stattdessen entscheide ich mich für: »Was ist mit dem anderen Namen, der noch auf deinem Postkasten steht? Dein Freund?«

»Du achtest auf die Namen an den Postkästen?«

»Klar, alles eine Frage der Fairness. Seit sie mir mein Mitarbeiter-Abo gestrichen haben, stehe ich manchmal morgens vor den Briefkästen und überlege: Okay, heute wird Frau Griesmayer wohl auf ihre Zeitung verzichten müssen. Oder doch Herr Klassen. Immer schön abwechseln. Ja, und dabei ist mir aufgefallen, dass bei dir zwei Namen stehen.«

Sie sagt erst mal gar nichts, und ihr Körper nimmt immer weiter den Rhythmus der Musik auf. Irgendwann zündet sie sich noch eine Marlboro an.

»Ex-Freund.« Und dann bläst sie einen Kringel Rauch zu mir rüber. Ich denke: Kringel. Ich denke: Wow!

Ich sage: »Wenn du so hibbelig bist, wie du sagst, schläfst du dann auch genauso unruhig?« Jetzt bin ich derjenige, der dauernd ein paar Glieder der Assoziationskette überspringt. Lena versteht die Frage nicht, und ich denke, es ist wohl besser, das vorsichtige Abklopfen wieder bleiben zu lassen und lieber noch mal den lustigen kleinen asiatischen Kellner ranzuwinken.

Der Heimweg ist leider nicht länger als ein paar hundert Meter; ich nehme ihre Hand, und so schlendern wir nach Hause, aber zum Rumknutschen reicht's dann irgendwie nicht mehr. Ob ich vielleicht ein etwas entlegeneres Restaurant hätte aussuchen sollen? Systemfehler – und schon abgespeichert fürs nächste Mal. Ich muss an diese dämlichen New Yorker *dating rules* denken, von wegen kein Sex bei der ersten Verabredung, und tatsächlich stehen wir jetzt etwas ratlos vor ihrer Wohnungstür. Ich denke an das St.-Germain-Album, wiederhole meine Einladung aber nicht, sie lächelt einfach nur unverbindlich und schließt ihre Tür auf.

Sie sagt: »Man sieht sich.« Und um ehrlich zu sein, hätte ich mir einen vielversprechenderen Abschied vorstellen können.

Tatsächlich aber sehen wir uns jetzt jeden Tag, sie hat ja viel Zeit, notgedrungen, ohne ihren Job. Wir fahren raus an den See, in romantische Biergärten, gehen jeden Abend in eine andere Bar oder diesen neuen Club, den es nur für drei Monate geben wird. Oder wir liegen einfach nur mit einer Flasche Rotwein auf ihrer Picknick-Decke an der Isar und betrachten die Sterne – das volle Programm.

Demnächst, das ist klar, kommt es zur Nacht der Wahrheit, und ich weiß immer noch nicht so recht, wie ich damit umgehen soll.

Ich rufe meinen Freund Toni an. Er bezeichnet sich selbst als Ex-Grieche, weil er stolz ist auf seinen deutschen Pass, und die traditionsreiche Sprache seiner Vorfahren reduziert sich bei ihm auf die notorischen Schimpfwörter, wie man sie ab und zu an der Theke von Lokalen hört, die »Akropolis« oder »Olympia« heißen. Toni ist einer der wenigen, die um mein schmutziges Geheimnis wissen, weil wir uns beim Skifahren öfter ein Zimmer teilen. Alle unsere gemeinsamen Freunde fragen Toni um Rat, wenn sie Probleme mit Frauen haben – das muss daran liegen, dass er selbst dauernd Probleme mit ihnen hat. Fachmann, sozusagen.

Keine Ahnung, warum Frauen immer wieder auf ihn reinfallen. Er hat eine kleine, aber äußerst florierende Werbeagentur, die unter anderem für eine Brauerei arbeitet und eine Zigarettenfirma. Ein amüsanter, charmanter Typ, keine Frage, und vielleicht glauben die Girls ja wirklich, dass er sie eines Tages ganz groß rausbringt. Allerdings hat er selbst noch nie etwas in der Art gesagt. Das wäre selbst Toni zu peinlich.

Stattdessen hält er jeder Frau, die ihn übers Wochenende besuchen will, einen langen Vortrag darüber, dass er beziehungstechnisch wirklich nichts versprechen könne, er fühle sich auch nicht unbedingt reif für eine ernsthafte Bindung. »Du weißt schon.« Neulich habe ich mal eines seiner Telefongespräche mit einer Magda oder Jessica belauscht. Was er sagte, klang, als würde er eine Enthaftungserklärung vorlesen. Tonis längste Beziehung in den letzten Jahren dauerte übrigens fünf Wochen.

Man kann sich also vorstellen, wie groß meine Verzweiflung sein muss, wenn ich ausgerechnet ihn anrufe.

»Du bist jetzt eine Woche mit ihr zusammen, und ihr wart noch nicht in der Kiste?«, fragt Toni. »Ist sie praktizierende Katholikin? Dann lad sie doch freitags zum Fischessen ein!«

»Wir sind nicht zusammen. Jedenfalls nicht so explizit. Und das ist auch nicht der Punkt.«

»Und was ist der Punkt?«

»Ich traue meiner Nase nicht.«

»Stell dich nicht so an, Alter. Die erste Nacht – die ist doch nicht zum Pennen da. Bleib einfach wach. Wer nicht schläft, kann auch nicht schnarchen.«

Ich denke: Griechen-Logik. Mir fällt aber auch nichts Besseres ein.

Eine Stunde später klingelt mein E-Mail-Postfach. In der Betreffzeile steht »Chrrr-pffft«. Toni hat mir einen Link zu einer amerikanischen Zeitung geschickt und schreibt: »Lies das hier, da steht alles drin. Quasi von A bis Zzzzzz.«

Ich denke, du Arsch. Fange aber natürlich doch an zu lesen. Der Autor berichtet vom Unterschied zwischen dem sogenannten normalen Schnarcher und dem »heroischen Schnarcher«. Den normalen hört man nur im

Nebenzimmer, er ist also einfach nur eine blöde Nervensäge. Der heroische Schnarcher dagegen terrorisiert ohne Mühen die ganze Nachbarschaft. Angeblich gab es sogar mal eine Hotelkette, die einen besonders krassen Schnarcher einlud, in ihren Zimmern zu übernachten, um auf diese Weise zu überprüfen, ob die Wände auch wirklich so schalldicht sind, wie es der Architekt behauptet hat.

Der heroischste aller Schnarcher ist offenbar ein britischer Taxifahrer namens Melvin Switzer. Es heißt, er habe eine ganze Siedlung wach gehalten mit seinem mächtigen Grunzen, und angeblich hat er innerhalb von zehn Jahren acht Nachbarn in die Flucht geschlagen. Sie zogen entnervt um.

Der legendäre Mel Switzer verdankt seinen Ruhm seiner unerschütterlichen Frau. Eine Tageszeitung hatte einen Wettbewerb mit dem schönen Titel »Wer hat den am lautesten schnarchenden Ehemann« ausgeschrieben – und Mel Switzer aus Southampton machte sie alle fertig. Die 92,3 Dezibel, die bei ihm gemessen wurden, entsprechen einer extrem lauten Autohupe. Direkt am Ohr. Es war genug, um jahrelang unangefochten im Guinness-Buch der Rekorde zu stehen.

Inzwischen hat man in England sogar eine Art Big-Brother-Container für Schnarcher eingeführt – allerdings zu medizinischen Testzwecken. Gegen die Typen, die sich für die »Snoring Farm« qualifiziert haben, schlief sogar der gute Mel Switzer wie ein Kätzchen. Ein ganzes Wochenende lang wurden die Probanden der »Snoring Farm« von Ärzten, Ernährungsberatern und Fitnesstrainern betreut, sie erhielten ein Nasenspray und erzielten sagenhafte Erfolge. Ein 49-jähriger Herr namens Michael Eden konnte sein Schnarchen von 102 Dezibel auf gemütliche 84 reduzieren – also von einem Motorrad ohne Auspuff runter auf ein Fußballstadion kurz nach einem Tor für die Heimmannschaft.

Meine Güte, denke ich, die armen Schweine. Zweiter Gedanke: Wer sagt eigentlich, dass ich wesentlich leiser schnarche? Selbstzweifel setzen sich in mir fest wie Zecken in einem Hundefell.

Ein paar Tage später gehen Lena und ich mit ein paar Freunden Schnitzel essen. So weit sind wir nämlich schon: Freunde vorstellen. Wir sind in meinem Lieblingsrestaurant verabredet, was letztlich die höchste Intimitätsstufe bedeutet. Die Wände sind mit dunklem Holz ausgeschlagen, in den Vitrinen stehen lauter kleine Whiskey-Flaschen aufgereiht wie früher die Zinnsoldaten im Wohnzimmer meiner Großeltern. Es gibt Kölsch und das gute Augustiner Edelstoff vom Fass und zum Abschluss einen grünen Kräuter-Schnaps, der eine intensivere psychedelische Wirkung hat als Absinth.

Es ist schon weit nach Mitternacht, der Kräuterschnaps hat nicht nur bei mir eine verheerende Wirkung hinterlassen, was meine Freunde allerdings keineswegs davon abhält, sich in meiner Wohnung über meine respektabel gefüllte Bar herzumachen. Ich mag zwar regelmäßig in Fettnäpfchen trampeln wie am Altpapiercontainer, aber ich bin kein unhöflicher Mensch: Ich kann die Bande nicht rausschmeißen, auch wenn ich jetzt lieber mit Lena allein wäre.

Hatte nicht Lena die alle zu mir eingeladen? War das ein Trick? Sie selbst unterhält sich wunderbar, beziehungsweise unterhält sie mehr die anderen, und allmählich beschleicht mich das Gefühl, sie nimmt mich kaum noch wahr. Ich liebe solche Frauen, mit denen du zu einer Party gehst und dich den ganzen Abend mit anderen Leuten beschäftigst und ihr euch nur alle paar Stunden mal bei einem flüchtigen Küsschen im Vorbeigehen vergewissert, dass alles in Ordnung ist. So eine Frau ist Lena: die Anti-Klette. Leider hat die ganze Sache eben auch eine dunkle Seite.

Es ist kurz vor drei, als sie sich verabschiedet. Sie sagt: »Ich geh dann jetzt mal runter, ein bisschen fernsehen.« Sie sagt das mit so einer merkwürdigen Betonung; eine Betonung, die sensiblere Menschen als klassischen Wink mit dem Zaunpfahl interpretiert hätten. Bei mir reicht es nur zu einem gedachten »Hä?«.

Als die anderen endlich gehen und ich sie kurz runter zum Taxi begleite, damit sie auch wirklich verschwinden, brennt bei ihr noch Licht. Ich schicke ihr eine SMS: »Noch wach?« Sie schreibt zurück: »Noch beschäftigt?« – »Nö.« Sie schreibt: »Und jetzt?« Hm. Es ist noch gar nicht so lange her, da habe ich einen Artikel über die Fernsehserie »Sex and the City« geschrieben, Kernthema: die sexuelle Aggressivität der modernen Großstadtfrau. Ich glaube, ich verstehe. Eine Minute nach der letzten SMS stehe ich vor ihrer Tür. Um es mit Bryan Ferry zu sagen: *I say go, she says yes/Dim the lights, you can guess the rest.*

Ich halte mich strikt an Tonis Ansage. Er kennt sich wirklich aus in diesen Dingen, das ist überregional bekannt. Lena schläft ein, ich mache kein Auge zu. Ich bin betrunken, ich bin müde. Ich denke an den furchterregenden Schnarcher-Artikel. Ich versuche, tapfer zu sein.

Nach zwei Stunden stehe ich auf und gehe in ihr Wohnzimmer. Von draußen scheint die Straßenlaterne rein, und ich durchstöbere ihr Wohnzimmer-Regal. Vor ein paar Tagen habe ich ein sehr interessantes Buch darüber gelesen, dass man anhand von Konsumartikeln unmittelbar auf den Charakter ihrer Besitzer schließen könnte. Sag mir, was du liest, hörst, siehst, und ich sag dir, wer du bist – so im Prinzip die Idee. Das Buch hieß *Snoop* – also Schnüffeln. Ich betrachte die vielen bunten Buchrücken in ihrem Ikea-Regal. Man will schließlich wissen, worauf man sich einlässt. Und ich schwöre, eine Menge unglücklicher Beziehungen wären garantiert gar nicht erst entstanden, wenn sich die beiden Partner vorher nur mal etwas eingehender mit dem Musik-, Bücher- und Filmgeschmack des anderen beschäftigt hätten.

Also werfe ich auch noch einen Blick auf die CD-Sammlung: Eros Ramazotti, Laura Pausini, Gigi D'Agostino. »Hits Estate 1991«. »ABBA – Best Of«. Ich versuche die »Dirty-Dancing«-DVD so gut es geht zu ignorieren und die »Sissi Gold Collection« im samtenen Einband. Dann lösche ich das kleine Licht, das ich angemacht habe, um die CD-Rücken lesen zu können, und kuschele mich neben diese wundervolle rosa Seele ins Bett.

Wachbleibenwachbleibenwachbleiben. Von draußen höre ich den Kirchturm schlagen. Und später wieder. Und irgendwann noch mal. Dong, dong, dong. Es gibt ja viele Menschen, die unter Schlafstörungen leiden. Vielleicht weil ihre Kinder Drogen nehmen, ihre Frau sie betrügt oder sie Stress in der Arbeit haben. Menschen, die nächtelang über ihren miesen Kontostand und die Steuernachzahlung nachdenken. Sie müssen schrecklich verzweifelt sein. Ich habe im Moment eigentlich keine Probleme. Jedenfalls keine offensichtlichen. Ich bin verliebt, mein Chef mag mich, neuerdings springt sogar mein Auto regelmäßig an. Ich bin trotzdem verzweifelt. Weil ich nicht schlafen *darf*.

In einem Aufsatz über Autosuggestion habe ich mal

gelesen, dass es schon reicht, schöne Erinnerungen abzurufen, um den Körper mit positiver Energie aufzuladen. Sportler trainieren das, um in entscheidenden Momenten voll da zu sein. Wenn Tennisspieler einen Matchball gegen sich abwehren müssen, denken sie an einen weißen Strand in der Sonne. Oder an den Sex mit einem Groupie. Und wenn ich jetzt irgendetwas gebrauchen kann, dann ist es in der Tat Energie. Und dann schlägt der Kirchturm schon wieder. Zehn Uhr.

Lena sieht noch schlaftrunken aus, als sie aufwacht. Sie dreht sich mit halb geöffneten Augen zu mir, rollt sich ganz nah an mich heran und wirft die Bettdecke über mich drüber. Ich fahre mit meiner rechten Hand durch ihr Haar und denke, dass ich nie mit einer kurzhaarigen Frau zusammen sein könnte. Mir würde das Wuscheln fehlen. Sie küsst mich auf die Stirn, dann nimmt sie den Kopf ein wenig zurück und betrachtet mich wortlos. Dann sagt sie: »Du siehst blass aus.«

»Unterzuckert«, sage ich, »unterzuckert, das ist alles.«

Normalerweise würde ein frisch verliebtes Paar jetzt weiterkuscheln oder wild übereinander herfallen; jedenfalls da weitermachen, wo es einige Stunden zuvor aufgehört hat. Mir fehlt die Kraft dazu. Ich brauche einen Kaffee, mein Magen ist leer, und ich beschließe Semmeln zu holen. Also rappele ich mich auf, ziehe meine Hose an und das T-Shirt, das noch ganz erbärmlich nach Zigarettenqualm stinkt. Sammele Schuhe und Socken zusammen. Im Badezimmer haue ich mir eine ordentliche Ladung kaltes Wasser ins Gesicht, halte eine Minute lang den Kopf unter den Wasserhahn – und erschrecke vor meinem Spiegelbild. Ich bin kreidebleich, meine Augen sind rot unterlaufen. So, wie ich jetzt aussehe, hätte ich in »Trainspotting« mitspielen können.

Ich sehe trotzdem weiter in den Spiegel – und sehe einen verliebten Mann, der nicht weiß, ob er darüber glücklich ist. Einen Mann, der vor allem nicht weiß, wie das hier alles weitergehen soll.

kapitel 3

Ich hab mich früher nie geschämt für diese Nase, und auch nicht für die sagenhaften Geräusche, die zu produzieren sie imstande ist. Im Gegenteil. Ich bin ein geselliger Mensch, bei Tag und eben auch bei Nacht. Aber mit Ende zwanzig fingen die Dinge allmählich an, sich zu ändern. Das Alter bringt ja ein paar Sachen mit sich, die nicht unbedingt sein müssten: Die Haare wachsen an den falschen Stellen, und beim Sport kriegst du nach kurzer Anstrengung einen roten Kopf. Und womöglich hatte sich mein sympathisches Schniefen inzwischen in gewaltiges Gebrüll verwandelt. Ich hatte keine Ahnung, ob mein Schnarchen tatsächlich schlimmer geworden war, beschloss aber, dass die Menschen um mich herum einfach empfindlicher wurden. Nennen wir es präsenile Sensibilität.

Wir fuhren mit ein paar Leuten zum Karnevalfeiern nach Köln. Alkohol und Schnarchen gehören ja zusammen wie Wodka und Red Bull – und Karneval und Alkohol sowieso. Wenn man das logisch weiterdenkt, kann man sich also vorstellen, wie da durch die Nacht trompetet wurde, und ganz sicher nicht nur von mir.

Es war nicht das erste Mal, dass wir zum Karnevalfeiern nach Köln fahren, wohl aber das erste Mal, dass wir zu acht in einer Zwei-Zimmer-Wohnung übernachten würden. Lukas wohnte damals in einer Studentenbude in einem übel beleumundeten Teil der Stadt; ein bisschen feucht und dunkel, ein archaischer Ort, der mir eine Ahnung davon verschaffte, wie unsere Vorfahren im Neandertal wohl gelebt haben müssen. Es roch nach zu lang getragenen Socken und missglückten Versuchen am Herd, und ich hätte mich nicht wirklich gewundert, unter dem Sofa eine tote Katze zu finden.

Lukas, ein charmanter Frauenschwarm mit rasierklingenscharfen Wangenknochen und glänzenden schwarzen Haaren wie aus einem Prinzessinnenfilm von Disney, teilte mit der selbstbewussten Willkür des Hausherren die Leute auf die beiden Zimmer auf. In Gesellschaft schläft er grundsätzlich nur mit Augenklappe und Oropax, es ist wie die Zwangshandlung eines Narkoleptikers. In manchen unserer gemeinsamen Urlaube hat er in einer Woche nicht ein einziges Mal das Tageslicht gesehen. Lukas sagte: »Diesmal machen wir es so: Schnarcher ins Schlafzimmer, Nicht-Schnarcher ins Wohnzimmer.«

Er sah mich an und sagte: »Du schläfst nebenan bei Torsten und Andi und Lars.«

Vor Andi hatte ich wirklich Respekt. Er hat das Gemüt eines Pandas, aber die Statur eines Kodiac-Bären: Er ist deutlich über eins neunzig groß und sein Body-Mass-Index eine Herausforderung für Dr. Atkins. Wenn Andi was getrunken hat, verfällt er anschließend in einen Zustand, der dem Winterschlaf des Kodiac-Bären nicht unähnlich ist. Um neben ihm einschlafen zu können, blieb einem nichts anderes übrig, als sich an den äußersten Rand der Besinnungslosigkeit zu trinken.

Ich fühlte mich gedemütigt, ausgegrenzt, abgeschoben. Ich sagte: »Moment mal, haben sie das Apartheidregime jetzt an den Rhein verlegt, oder was? Darf ich denn morgen wenigstens die gleiche U-Bahn wie ihr benutzen?«

Wir feierten in einem Laden, der »Mainzer Hof« hieß oder so ähnlich und in normalen Zeiten wohl eine eher gemütliche Nachbarschaftskneipe ist, im Karneval aber, also der längsten Zeit des Jahres, so eine Art Epizentrum des Irrsinns in der Südstadt. Ich bin im Rheinland aufgewachsen, was ich in München allerdings gern mal verschweige, wenn nicht sogar durch einen gekünstelten bayerischen Akzent zu verleugnen versuche. Von diesen Karnevalsliedern verstand ich trotzdem kaum ein Wort. Die Kneipe war so gestopft voll, dass man fürchten musste, die Leute am Rand könnte es zu den Fenstern rauspressen. Um mich rum sangen alle ein Lied von einer Karawane, die weiterzieht, und ich verstand immer nur: »Der Sultan hält durch«, was ich als ziemlich passendes Motto wertete. Also sang ich mit und tanzte, obwohl ich das noch weniger kann als singen, wenn man ganz ehrlich ist.

Unser Freund Dorfmann, ein normalerweise hoch vergeistigter Mathematiker, der bei solchen Anlässen unter Alkoholeinfluss gern mal eine Jekyll-and-Hyde-Verwandlung hinlegt, lehnte sich über die Bar und somit fast hinein ins Dekolleté der Kellnerin und sagte: »Tina, mach mir mal'n Drink, der mich echt aus den Schuhen hebt.« Er nennt übrigens jede Kellnerin Tina.

Dorfmann nippte zwei Schlucke und verzog angewidert das Gesicht. Als mich die Masse der Tanzenden an ihm vorbeispülte, hielt er mir sein Glas hin: »Ey, probier mal – Tinas Spezialmischung.« Ich spülte den Glasinhalt runter wie ein Marathonläufer sein Isostar nach dem Zieleinlauf. Ein Typ grölte mir in die Ohren: »Die Karawane zieht weiter, der Sultan hätt' Doosch.« Jetzt hatte auch ich verstanden. Danke. Ein paar Minuten später durchfuhr eine Art Sturmflut meine Magengegend, Woge um Woge schien in mir zu schwappen, und ich spürte die Rotation der Erde in Zeitraffergeschwindigkeit. Katrin, die eigentlich im Nichtschnarcherzimmer ihren Platz hatte, warf mir einen kurzen Blick zu, irgendwas zwischen Fürsorge und schwerem Vorwurf. Sie sagte: »Mann, schieß dich nicht so ab, wir wollen nachher alle noch schlafen.«

Weiß der Teufel oder wenigstens der Taxifahrer, wie wir in Lukas' Wohnung gelangt sind, und wenigstens hab ich mir noch die Schuhe ausgezogen, bevor ich instant-artig in meinem plüschigen Eisbärenkostüm eingepennt bin. Zumindest musste ich so nicht frieren.

Mitten in der Nacht rüttelte ausgerechnet Andi mich mit einer Vehemenz wach, als versuchte er, im Finale der Lumberman-Weltmeisterschaft einen Baumstamm bergauf zu rollen. Er sagte: »Alter, das geht gar nicht, hau sofort ab in die Küche!« Und da lag ich dann auch die nächsten beiden Nächte; semi-komfortabel zwar, aber wenigstens allein.

Zuerst kam ich mir ausgestoßen vor wie in einer Quarantäne-Station: Sogar aus dem Schnarcherzimmer rausgeflogen: Das ist der Gipfel der Demütigung. Aber beizeiten offenbarte sich mir mein Exil als ungeheurer Luxus angesichts der gequetschten Masse Menschen und ihrer Ausdünstungen in den übrigen Gemächern.

Anthony Burgess, der Autor von »Clockwork Orange«, hat einmal geschrieben: »Lache, und die Welt wird mit dir lachen. Schnarche, und du schläfst allein.« Einsam mit der Luftmatratze auf Fliesen, die auch mal wieder einen Besuch von Meister Proper hätten vertragen können, konnte ich diesen Satz endlich mal so richtig nachvollziehen. Und im Nebel dieser hoch ambitionierten Partynächte kam mir ein äußerst eigenartiger Gedanke: Vielleicht ist mein Schnarchen ja gar keine völlig überzogene Strafe der Natur? Wie so vieles im Leben ist auch das nur eine Sache der Wahrnehmung. Mit einem Mal lernte ich, das Schnarchen als meinen Freund zu betrachten. Meinen Komplizen geradezu.

Schnarchen kann eine Waffe sein. Eine sehr subtile, weil sie das Gewand der schlafenden Unschuld trägt. Ich fand das während meiner ziemlich ausgedehnten Single-Phase heraus. Schnarchen ist nämlich eine hoch effiziente Abwehr- und Vertreibungsstrategie; quasi post-koitaler Pfefferspray.

In einem Ort wie München ist das Alleinsein mitunter ein ganz angenehmer Status. Ich hatte ein rotes Cabrio und als Journalist bei einer renommierten Tageszeitung einen Job, dessen Sozialprestige mein Einkommen leider eindeutig überragte – was in der Welthauptstadt der Blender und Möchtegerns allerdings der Normalzustand ist. Kein Grund zur Sorge also.

Suff und One-Night-Stand sind ja auch so ein Begriffspaar wie Ernie & Bert. Wirklich unangenehm ist immer nur der nächste Morgen. Die Sonne strahlt ins Zimmer wie eine Strafe des Himmels für deine Sünden, und mit rasenden Kopfschmerzen versuchst du, die hintersten Winkel deines verrotteten Gehirns zu sortieren wie ein Defragmentierungsprogramm die Festplatte eines Computers. Aber du kommst zum Verrecken nicht drauf, wer diese Frau ist, die da noch neben dir schlummert. Das Beste ist, einfach wieder einzuschlafen und darauf zu hoffen, dass sich die Situation von selbst, nun ja: auflöst. Oder toter Mann zu spielen.

Stufe zwei sind diese quälenden Gespräche am Frühstückstisch. Du wankst in die Küche mit geschwollenen Augen und außer einer Packung Espresso nix im Kühlschrank; und dann machst du dich daran, herauszufinden, mit wem um Himmels willen du da eigentlich geschlafen hast. Und du stellst fest, dass es ja irgendwas gegeben haben muss, was euch gemeinsam hierher gebracht hat, aber auch darauf kommst du nicht mehr.

Das Schlimmste aber sind die Abschiedsmomente. Sie reicht dir ihre Handynummer, die sie natürlich mit einem kleinen Zahlenverdreher versehen hat. Es ist ihre Art zu sagen: »So toll warst du nun auch nicht.« Ihr steht verkatert im Türrahmen und vor euch die Frage, ob ihr euch jetzt küssen solltet und vor allem noch mal wiederseht. Und die Antwort ist natürlich: nein. Meistens verkleidet sie sich aber in Sätzen wie: »Ich meld mich dann mal die Tage.«

Ein Freund von mir, der lange in New York gelebt hatte, erzählte, dass man dort sehr viel entspannter mit solchen Momenten umgeht. Auf die Frage, ob sie noch seine Nummer wolle, hat ihm mal eine Frau gesagt: »Nö danke, ich wollte nur mal wieder flachgelegt werden. Ist schon okay.«

Ich habe es meiner Nase zu verdanken, dass mir solche Augenblicke weitgehend erspart geblieben sind. Wenn ich aufwachte, lag ich allein im Bett. Manchmal fand ich bitterböse Zettel auf dem Küchentisch. Ein paar Worte bloß: »Sag mal, geht's noch?« Oder: »War nett bei dir – bis du eingeschlafen bist.« Meistens verschwanden sie aber irgendwann während der Nacht, so leise, dass ich es in meinem Koma gar nicht erst wahrnahm. Sie gingen grußlos und hinterließen ihre Nummer oder auch nicht, was zugegebenermaßen sehr viel häufiger vorkam.

Einer der ersten schriftlich erwähnten Schnarcher überhaupt ist Dionysos, der Gott des Weines, des Tanzes und der Tragödie. Er wurde für mich zu einer Art *role model*. Im Prinzip darf man sich Dionysos als Begründer des Hedonismus vorstellen, sein Anblick verwandelte Frauen in nymphische Naturwesen zurück, er verkörperte den göttlichen erotischen Wahnsinn. In altertümlichen Darstellungen ist er immer von einem Haufen Groupies umgeben – das hat mir schon einigen Respekt abgenötigt. Keine Frage. Ich muss allerdings zugeben, dass ich trotz aller Bemühungen der Lebensleistung meines Idols nicht ernsthaft nahekam. Selbst wenn es ein eigenes Pantheon der Schnarcher gegeben hätte, wäre für mich nicht direkt ein Platz frei gewesen. In der Legende heißt es, Dionysos habe sich von seinen Frauen mit einem Schlag auf den Kopf wecken lassen, sobald er zu schnarchen begann, damit er schnell wieder sein Treiben fortsetzen konnte. Auch darauf verzichtete ich.

Eines Samstags gegen Mittag rief Nina an. Ich dachte: Nina? Wir redeten eine Weile, sie klang sehr sympathisch, und aus unserem Gespräch folgerte ich, dass sie die Frau sein musste, die ich am Abend zuvor in meiner Lieblingsbar vor der Frauentoilette kennengelernt hatte. Sie stand vor der verschlossenen Tür und sah verzweifelt aus. Also bot ich ihr an, vor dem Jungsklo den Wachposten zu geben.

Sie wirkte erleichtert, als sie wieder rauskam. »Magst du dich zu uns setzen? Ich bin mit ein paar Kommilitoninnen da.« Wir tranken noch ein paar Mojitos, und die Bässe der Musik schienen mir das Blut durch den Körper zu pumpen wie in einem römischen Brunnen. Plötzlich ging das Licht an, wir tranken weiter, bis die Angestellten alle Stühle um uns herum auf die Tische gestellt hatten. Keine Ahnung, ob die Mojitos daran schuld waren, aber mit einem Mal hörte ich mich den dümmsten Abschleppspruch aller Zeiten aufsagen: »Bevor die jetzt auch noch um uns herum fegen, sollten wir vielleicht lieber zu mir gehen«, sagte ich, »das ist der beste Laden, der jetzt noch offen hat.« Vermutlich war es die Alternativlosigkeit, die Nina und ihre beiden Freundinnen mitgehen ließ.

Der Barkeeper gab uns noch einen Haufen Eiswürfel in einer großen Mülltüte mit, die ich mir über die Schulter warf wie der Weihnachtsmann seinen Geschenkesack. Dann gingen wir rüber zu meiner Wohnung. Es muss schon sehr spät gewesen sein, und ich fragte mich, ob Frauen-Blasen per Chromosomensteuerung synchron getaktet sind: Jedenfalls gingen Ninas Freundinnen selbst bei mir daheim gemeinsam auf die Toilette. Und es ist ein sehr kleines Badezimmer.

Nina und ich standen am Wohnzimmerfenster, und als die beiden zurückkamen, hatten sich unsere Zungen längst so rhythmisch verhakt wie laufende Zahnräder. Die beiden Mädels standen jetzt im Wohnzimmer und blickten zu den Drinks auf den Tischen und der Suppenschüssel, in der die Eiswürfel allmählich ihren ursprünglichen Aggregatzustand erreichten. Es war ein seltsamer Augenblick der Stille, weil ich zu faul gewesen war, die Musik anzustellen. »Oh, ihr habt wohl was Wichtiges zu besprechen«, sagte dann die eine, deren Namen ich in genau dem Moment schon vergessen hatte, als sie sich vorstellte. Die beiden kippten ihren Ramazotti runter wie einen Obstler, und gefühlte Sekunden später war ich mit Nina allein. Ich erinnere mich noch, dass sie verdammt gut roch für diese Uhrzeit.

Sie war Ärztin in der Eisenstein-Klinik, und dass auch

sie noch in den frühen Morgenstunden ganz offensichtlich keinen anderen Ausweg mehr gesehen hatte als die Flucht, nun, das bedauerte ich beim Aufwachen doch sehr. Am Telefon sagte sie immerhin, wir sollten uns unbedingt bald mal wiedersehen. »Aber vorher lässt du dir mal einen Termin bei meinen Kollegen von der HNO geben. Das mit deinen Nebenhöhlen kriegen die schon in den Griff. Ein paar Tage, dann ist alles verheilt.« Kein Wunder, dass Ärzte immer reden wie die Pferdemetzger, wenn selbst der Nachwuchs schon das Skalpell mental immer in der Tasche hat.

Mit dem Schnarchen ist es ja so wie mit Haaren auf dem Rücken: Du weißt, sie sind da, aber sie fangen erst an zu stören, wenn dich jemand drauf aufmerksam macht. Und ohne fremde Hilfe wirst du sie auch nicht mehr los.

Es war ein Angebot. Nina hatte es gut gemeint. Ganz sicher. Aber Singles sind nun mal die radikalsten Marktliberalen. Im Prinzip ist alles eine Sache der ökonomischen Abwägung, auch die Liebe. *Deal or no deal*? Ein paar Tage trieb mich tatsächlich der Gedanke um, mich wenigstens mal untersuchen zu lassen. Gedankenmachen tut ja noch nicht weh. Aber andererseits: Zu jener Zeit war München die absolute Single-Metropole der Republik, und entsprechend groß erschien mir die Aussicht, dass da noch ein paar Ninas weniger ultimativ sind in ihren Anforderungen. Meine Nase und ich hatten uns ohnehin ans Alleinsein gewöhnt.

kapitel 4

Und dann kam Lena.

Wir kennen uns jetzt seit zwei Wochen, und so viel kann ich schon sagen: Mit ihr will ich die Nächte verbringen und auch den Morgen danach; ich wäre sogar bereit, meinen Kühlschrank aufzufüllen, um ihr ein Frühstück bereiten zu können. Die Frage ist nur: Wie soll das gehen?

Sie hat einen extrem leichten Schlaf, das habe ich schon herausgefunden. Einen defekten Auto-Auspuff hört sie auch noch in fünf Kilometern Entfernung knattern. Wahrscheinlich hat sie mich schon längst mal schnarchen gehört, seit sie in unser Haus eingezogen ist. Nur konnte sie die Quelle dieses monströsen Lärms nicht genau lokalisieren. Sonst wären wir jetzt nicht zusammen.

Gerade steht sie vor meiner Tür und erzählt, dass sie am späten Nachmittag mit ein paar Freundinnen in die Isarschänke will, in den Biergarten, den ich ihr vor ein paar Tagen gezeigt habe. Sie sagt: »Die Mädels wollen dich kennenlernen. Sie sind schon sehr neugierig.«

»Worauf?«

»Auf dich natürlich. Ich hab ihnen alles erzählt, von der Altpapiertonne, von deinen dummen Sprüchen. Sie wollen sehen, ob du wirklich so ein Arsch bist, wie meine Schwester meint.«

Wenn die wüssten, denke ich, sage aber stattdessen: »Das sind ja die besten Voraussetzungen.« Ich kann mir schon denken, wie dieser Tag enden wird. Es macht mir ein wenig Angst. Ob ich mich drücken soll?

»Ich kann heute nicht schon wieder Bier trinken«, sage ich, »sonst bin ich bald ein Fall für die Anonymen Alkoholiker.«

»Umso besser«, findet Lena, »dann kannst du ja fahren.«

In der Mitte des Biergartens steht so eine kleine Pagode, das ist die Bühne für die unterbezahlten tschechischen Musiker, die hier den ganzen Tag Jazz-Stücke spielen. Entweder du musst ein erstaunliches Repertoire haben oder auf eine hohe Fluktuation des Publikums setzen, damit niemand merkt, dass du alle paar Stunden dasselbe spielst. Vielleicht machen sie deshalb auch spätestens nach vier Titeln erst mal eine ausgedehnte Pause. Beim Fußball würde man sagen: Sie spielen auf Zeit. Neben dem Klarinettisten steht ein Kasten Mineralwasser in der Sonne. Der Sänger hat lange Haare, er trägt einen Schnauzbart und Klamotten, die noch aus einer Zeit stammen müssen, als Vaclav Havel als Staatsfeind im Gefängnis saß.

»Summertime – and the living is easy.«

Hier sitze ich also, ein Mann mit vier Frauen unterm Kastanienbaum. Dionysos wäre stolz auf mich gewesen. Nur, dass er ganz bestimmt keine alkoholfreie Mass bestellt hätte. So ein Treffen mit den Freundinnen der Freundin kann ja schnell in eine Art Assessment Center ausarten. Du wirst gegrillt, als würdest du dich um einen Vorstandsjob bewerben. Ich esse betont langsam, um nicht als gefräßig dazustehen und möglichst wenig von der klebrigen Spareribs-Soße auf meine Hose zu kleckern. Ich versuche, geistreich zu sein, charmant, und um meine soziale Kompetenz zu unterstreichen, empöre ich mich künstlich über die Ausbeutung tschechischer Jazz-Musiker in deutschen Schickeria-Biergärten.

»Schau mal«, sagt Lenas Freundin, »der Sänger trägt Socken in seinen Sandalen.«

»Oh, dann nehme ich alles zurück«, sage ich, »vielleicht ist er doch Deutscher.«

»Your daddy is rich and your mummy is good looking«, singt der Sandalenmann jetzt, und ich muss an diese dämliche Autowerbung denken, ich glaube, es war für das Golf Cabrio.

Als wir zu Hause sind, ist Lena sehr niedlich angeschickert. Sie lacht ein bisschen zu hell und erzählt albernes Zeug. Tolle Frauen sind nie besoffen, sie haben leicht einen sitzen. Sie findet, ich hätte mich gut geschlagen vor ihren Mädels, dann packt sie mit ihrem rechten Arm meinen Hals, zieht ihn an sich heran wie ein Wrestler und gibt mir einen erstaunlich feuchten Kuss auf die Wange. Wir gehen ins Schlafzimmer und ziehen uns aus. Die Nacht ist noch relativ jung, aber Lena schlummert sanft weg. Und ich muss mich mal wieder zusammenreißen.

Lena schläft wie ein Stein, aber die Zeit will einfach nicht vergehen. Wenn du nicht schlafen darfst, dehnen sich die Sekunden zur Ewigkeit. In solchen Momenten kommen dir unendlich viele sinnlose Gedanken in den Kopf, in Wahrheit aber drehen sie sich nur um eine Frage: Wie zum Teufel soll ich das durchhalten?

Gegen halb drei kann ich nicht mehr, ich beschließe, rauf in meine Wohnung zu gehen. Es ist absurd: Bisher wurde immer ich verlassen, wortlos, jetzt schleiche ich mich auf Socken raus wie ein Juwelendieb. In der Küche mache ich noch kurz Licht und suche einen Zettel. »Musste leider früh raus, wollte dich nicht wecken. Kisses, M.«

Wieder einmal ernte ich jede Menge Spott, als ich frisch geduscht, aber irgendwie zerzaust im Büro auflaufe. Ein Kollege findet, ich sehe aus wie eine Wasserleiche. Immerhin sieht er mich dabei beeindruckt an.

»Das war echt süß von dir, mich schlafen zu lassen, aber du kannst mich ruhig wecken«, sagt Lena am Telefon, als sie gegen Mittag endlich aufgewacht ist. »Ich kann dich doch nicht ungeknutscht zur Arbeit gehen lassen.«

»Schon okay. Ich saß schon um acht am Schreibtisch, das wollte ich dir nicht zumuten. Aber sag mal, macht es dir was aus, wenn wir uns die nächsten Tage nicht sehen können? Hier brennt die Hütte, keine Ahnung, wann ich abends hier rauskomme.«

So ganz ehrlich war das nicht, aber hätte ich ihr vielleicht die Wahrheit sagen sollen? »Hey, ich traue mich nicht, neben dir einzuschlafen, deshalb muss ich erst einmal wieder zu Kräften kommen«?

»Natürlich macht es mir was aus«, sagt Lena. »Aber wenn du jetzt immer zu Uhrzeiten aufstehen willst wie ein Bäcker ...«

Zwei Tage später steht sie mit einer großen Einkaufstüte vor der Tür. »Ich dachte, wer so fleißig ist, muss dringend mal bekocht werden.« Sie stellt die Tüte auf der Arbeitsplatte in der Küche ab und holt jedes Stück einzeln und mit einer ganz großen Geste heraus. Sie zelebriert es wie eine Tänzerin ihre Striptease-Nummer. Die fein geschnittenen Kalbsschnitzel, der Parmaschinken, die Salbeiblätter. In meinem Kopf spielt gerade: »You can leave your hat on« von Joe Cocker.

»Saltimbocca alla romana«, sagt Lena triumphierend, als hätte sie gerade ein Kaninchen aus dem Hut gezaubert. Sie schiebt mich sanft beiseite und öffnet eine Flasche Weißwein, bevor sie anfängt, das Gemüse zu putzen und zu schnippeln. Es ist kurz vor Mitternacht, als wir mit dem Essen fertig sind. Lena bläst die Kerzen aus und zieht mich hinüber ins Schlafzimmer.

Gegen vier stehe diesmal ich in der Küche am Herd. Und koche einen Espresso. Ich bete: »Signore Illy, lassen Sie mich diese Nacht durchhalten!« Und dann kriege ich fast einen Herzinfarkt vor Schreck, als plötzlich Lena im Türrahmen steht. Sie sagt: »Eine ziemlich ungewöhnliche Uhrzeit für Espresso, findest du nicht?«

»Ich, ähm, ach so, äh, ja. Weißt du, ich muss doch noch was arbeiten. Hab ich dich etwa geweckt? Mit meinem Küchenlärm? Leg dich doch wieder schlafen.«

Sie verschwindet wortlos nach nebenan.

Ich trete ans Wohnzimmerfenster und schaue hinaus in die stille Nacht, in der selbst unser notorisches Partyviertel zur Ruhe kommt. Im Haus gegenüber ist noch Licht an, irgendeiner ist dort immer wach. Alle paar Tage schreit dort mitten in der Nacht ein kleines Kind; gelegentlich verprügelt der fette Typ, der hinter einem Jungfrau-Maria-Vorhang wohnt, seine viel zu junge Frau. Heute Nacht spielen ein paar ältere Männer Karten. Sie sitzen um einen kleinen Tisch rum und füllen das Zimmer komplett aus, sie hören Musik und rauchen so viel, dass man glaubt, den Qualm durch das geöffnete Fenster bis auf die andere Straßenseite zu riechen. Meine Zigarettenspitze leuchtet in der Dunkelheit wie ein Glühwürmchen.

Nun dämmert mir mitten in dieser Mitternachtsromantik: Die Espresso-Nummer ist durch. Damit kann ich ihr beim nächsten Mal nicht kommen. Aber es gibt ja noch diese Fernfahrerschokolade, die wir uns während des Studiums vor Referaten reingestopft haben. Oder Red Bull. Oder Koffeintabletten.

Inzwischen habe ich auch Mittel gegen die Augenringe und die kränkliche Blässe in meinem Gesicht gefunden. In der Drogerie hat mir die Kosmetikerin Hautcreme mit Selbstbräuner empfohlen, auf Basis von Vitamin E + DHA, was immer das bedeutet. Ich fand das ja ein bisschen tuntig, aber sie sagte: »Machen Sie sich darüber mal keine Gedanken. Pflegeprodukte für den Herrn sind schwer im Kommen. Glauben Sie mir. Und mit dieser Creme werden Sie aussehen, als kämen Sie frisch aus dem Urlaub.«

Sie hatte ganz recht, ich sehe jetzt aus wie so ein notorischer Freibad-Stenz aus der Vorstadt. Nur ist das leider Etikettenschwindel: Innen ist fitnessfreie Zone. Müde Menschen sind gereizt und lassen sich von der kleinsten Nichtigkeit komplett aus der Bahn werfen. Und ich bin sehr müde. Kindergeschrei lässt mich heftig zusammenzucken, an der Wursttheke oder in der Schlange an der Kasse stehe ich meinem Vordermann vor Ungeduld auf den Fersen, und wenn man mir am Mietwagen-Schalter einen Opel andreht, könnte ich auf der Stelle losheulen.

Dieser Schlafentzug-Wahnsinn geht auch körperlich an die Substanz, nur leider in die umgekehrte Richtung. Es gibt Leute, die von durchwachten Nächten abnehmen. Ich aber entwickele einen Heißhunger auf fettige Sachen, schon morgens auf dem Weg zur Arbeit bleibe ich an der Metzgerei stehen und frühstücke eine warme Leberkässemmel oder Fleischpflanzerl; in der Kantine sage ich jetzt immer, ich hätte gern eine Portion für große Jungs. Undenkbar auch, einen Nachmittag ohne Rosinenschnecke zu überstehen.

Dass ich allmählich eine massive Persönlichkeitsänderung durchmache, bleibt offenbar niemandem verborgen. Marianella, meine engelsgleiche Putzfrau, treibt mich morgens mal wieder mit der mütterlichen Strenge einer Gouvernante aus dem Bett. »Musst du nix arbeiten heute?« Sie geht in die Küche und kocht einen Espresso. Das ist seit Jahren ein fest etabliertes Ritual, wann immer sie mich mit einem hartnäckigen Hangover in meinem Bett vorfindet, nachdem ihr Klingeln unbeantwortet geblieben ist.

Marianella kommt aus Brasilien, und vor ein paar Wochen, als ich mich im Atomic-Café auf die sogenannte »El-Barrio«-Party verirrt hatte, einer in Latino-Kreisen legendären Salsa-Veranstaltung, tanzte sie mich so wild nieder, dass ich mich fühlte, als wäre ich unter einen Tiroler Pistenbully geraten. Dass sie bei mir putzt, ist ihr kleines schmutziges Geheimnis. Ihr Mann weiß nichts davon. Sie fährt immer in einem schicken BMW vor, am Anfang hat mich das noch irritiert. Inzwischen denke ich, bei mir und anderen Leuten verdient sie sich nur ihre Handtaschen.

»Du bist verknallt!«, sagt sie heute völlig ansatzlos.

»Wie kommst du darauf?«

»Ich hab in deinem Kühlschrank zum ersten Mal Marmelade gefunden und Käse und Butter, die erst in zwei Wochen abläuft.«

»Ist das so ungewöhnlich?«, frage ich.

»Für einen Typen, der sonst nur Wodka und Red Bull und Saft im Kühlschrank hat, schon.« Sie sagt: »Außerdem ist dein Waschbecken so komisch sauber. Also, was läuft hier?«

Ich erzähle von Lena, und ja: Ich hab zwischendurch das Waschbecken geputzt und die Toilette sogar auch noch, weil ich dachte, Lena weiß so was bestimmt zu schätzen. Marianella schaut mich so ungläubig an, als hätte ich gerade bei »Wer wird Millionär?« die 100-

Euro-Frage falsch beantwortet. Und verspricht, von jetzt an meine Hemden besonders sorgfältig zu bügeln. »Darauf stehen Frauen noch mehr. Und meine Güte, wie sehen denn deine Schuhe aus?«

Dann schickt sie mich unter die Dusche und jagt mich zur Arbeit. Die Tage im Büro werden immer unangenehmer, in konditioneller Hinsicht jedenfalls. Ich kann kaum noch geradeaus denken, bin unkonzentriert und fahrig und vergesse alles, was ich nicht sofort aufgeschrieben habe. Selbst unsere traditionell unterhaltsamen Redaktionskonferenzen können mich kaum mehr in Schwung bringen. Ich bin völlig am Ende. Das Gute an sogenannten Kreativjobs ist ja, dass die Kollegen verständnisvoll sind, und ich bin ganz gewiss nicht der Erste, bei dem akutes Verliebtsein mit einer Phase von Hardrock-Lifestyle einhergeht.

Verliebtsein. Das ist ein völlig anderes Genre als One-Night-Stands – beziehungsweise Half-Night-Stands. Und es macht die Sache nicht leichter. Ich habe die letzten Jahre als vagabundierender Single-Strolch verbracht, da konnte mir das mit dem Schnarchen völlig wurscht sein. Aber jetzt? Ja, verliebt zu sein ist ein echtes Problem.

Toni hat aus dem Quarto angerufen, einem Café in unserer Straße mit unverputzten roten Backsteinwänden und hölzernen Weinregalen davor. Im Prinzip besteht dieser Laden aus einem langen großen Tisch, an dem junge Leute mit schlauen Brillen vor ihren MacBooks sitzen und sich über ihre sogenannten Projekte unterhalten.

Toni schaut mich etwas verstört an. Verliebtheit ist für ihn eine komische Kategorie, kann er nichts mit anfangen. Er sagt: »Aber wenn's denn so sein soll.« Und: »Dann musst du ihr halt ein bisschen andeuten, was Sache ist. Weißt schon, locker umschiffen das Ganze.«

Am anderen Tischende versucht eine junge Mutter gerade vergebens, die Erziehung ihres quengeligen Nachwuchses nachzuholen. Sie droht mit Fernsehverbot, was ihren Nachwuchs als Abschreckungsszenario allerdings nicht wirklich zu beeindrucken scheint.

»Wie meinst du das? Umschiffen?«

Toni sagt: »Du musst sie ja nicht gleich mit der Nase drauf stoßen.« Und dann lacht er noch einmal über seinen spitzenmäßigen Kalauer, der Depp.

Ich kenne Lena erst seit ein paar Wochen. Das ist noch kein Zeitraum für fundamentale Geständnisse. Vor allem nicht für solche. Über Migräne kann man reden oder meinetwegen auch darüber, dass man von Schweinefleisch immer Pickel auf der Stirn und am Kinn kriegt. Selbst wenn ich ein latentes Alkoholproblem hätte, okay, von mir aus, ich würde es ihr sagen, und sie könnte sicher damit umgehen. Klingt nach Rockstar. Aber Schnarchen? Ich weiß nicht, so was muss reifen, das ist zu intim. Es ist armselig.

Aus den Lautsprechern neben dem Regal säuselt die Stimme einer französischen Chanson-Sängerin, in meinen Ohren klingt sie nach unschuldigem Sex; eine ganz reizende Untermalung, die allerdings sofort vom Prusten und Spotzen der Milch schäumenden Heißluftdüse jäh unterbrochen wird. Toni beugt sich über den Tisch und sagt: »Aber wie stellst du dir das überhaupt vor? Wenn du so verliebt bist, wie du sagst: Willst du in Zukunft für immer aufs Schlafen verzichten, oder was?«

»Na ja, zumindest fürs Erste. Ich meine, zumindest so lange, bis diese Beziehung so gefestigt ist, dass Lena eher mein Geschnarche in Kauf nimmt als eine Trennung. Dass der eine Schmerz größer wäre als der andere. So ungefähr.«

Die Kellnerin bringt uns getoastete Focaccia. Sie trägt ein schlabbriges rotes Tank-Top aus Feinripp ohne einen BH darunter, und als sie Toni den Teller hinstellt, treten seine Augen schier aus den Höhlen.

Er zischt: »Genauso gut hätte sie auch gar nichts anziehen können. Was meinst du?«

»Wenn du's genau wissen willst: Ich hab grad andere Sorgen.«

Toni zerschneidet seine Focaccia in vier gleich große Quadrate, so dass sie jetzt in einem Arrangement vor ihm liegt wie ein Butzenfenster aus Brot, Schinken und Käse. Dann greift er beherzt zu. Das Essen scheint ihn wenigstens für einen Augenblick von den Brüsten der Kellnerin abzulenken. Zwischen zwei Bissen hebt er erneut zu sprechen an: »Dann musst du dir eine andere Strategie überlegen, wie du dein Schlafdefizit bis dahin kompensieren kannst. Hast du dich schon mal mit Powernapping beschäftigt?«

»Fragst du mich jetzt, ob ich *Men's Health* lese oder *Penthouse*?«

Für mich klang Powernapping nach einer Erfindung dieser Lifestyle-Männermagazine, um die wenigen Seiten zwischen der Werbung für BMW und Armani zu füllen. Das Paradoxe an diesen Heften ist ja, dass sie von mäßig bezahlten Tariflohnempfängern für Top-Manager geschrieben werden. Diese Leute kommen mit der U-Bahn zur Arbeit und behaupten tapfer, dass ein echter Mann in nichts anderes einsteigen sollte als einen Aston Martin DB7. Sie suggerieren dir, dass du morgens nicht aus dem Haus gehen kannst, ohne mindestens 50 Sit-ups zu absolvieren, und haben selbst einen Fettwert von 25 Prozent. Und wahrscheinlich träumen sie nachts davon, in der Mittagspause die Sekretärin im Kopiererraum »klarzumachen«, wie sie es in ihrem letzten Artikel so detailgenau beschrieben haben. Ich merke gerade, dass ich sie beneide: Wenigstens kommen sie nachts zum Träumen.

»Pass auf«, sagt Toni. »Du wirst in den nächsten Wochen nachts nicht schlafen können, wenn ich dich richtig verstehe, also musst du das tagsüber nachholen. Den Job kündigen kommt ja eher nicht in Frage. Also musst du immer wieder unauffällig 'ne Viertelstunde Nickerchen machen, und du wirst dich glänzend fühlen.« Er sagt: »Das machen die Japaner alle, um kein Burn-out-Syndrom zu kriegen. Arbeiten wie die Duracell-Hasen und erholen sich zwischendurch. Und die arbeiten mehr als du, das kannst du mir glauben.«

Als wir gehen, setze ich reflexartig meine Sonnenbrille auf. Gleißendes Sommerlicht kann ich schon lange nicht mehr ertragen, aber ich würde sie auch nicht absetzen, sollte es jemals wieder zu regnen beginnen. Toni dreht sich noch mal nach der Kellnerin um, er hat eben noch kurz überlegt, ihr seine Handynummer auf den Geldschein zu schreiben. Was ich ihm mit einiger Mühe ausreden konnte. Ich bin aber sicher, dass er in dieses Café samt Kellnerinnendekolleté zurückkehrt, sobald ich außer Sichtweite bin.

Powernapping. Vielleicht hat Toni ja recht. Zu Hause klappe ich den Computer auf und fange an zu googeln. Das Netz ist voll von Lobpreisungen und Anleitungen. Im Prinzip ist so ein Powernap nichts anderes als das olle Mittagsschläfchen, das meine Oma seit wahrscheinlich fünfzig Jahren jeden Tag praktiziert. Nur ein bisschen kürzer, und es klingt halt besser. Man sollte nicht sehr viel länger als 30 Minuten schlafen, aber mindestens eine Viertelstunde. Es kann aber auch schon reichen, einfach nur die Augen zu schließen und ein bisschen wegzudösen. Das erhöht die Konzentration des Hormons Serotonin im Blut und macht gute Laune. Und die kann ich jetzt gut brauchen.

Ich lese von Studien, wonach das Herzinfarktrisiko um 37 Prozent reduziert, die Leistungsfähigkeit aber immens gesteigert wird. Während des Kurzschlafs wird die rechte Gehirnhälfte aktiv, also das Kreativzentrum des Menschen. In Amerika und Asien stellen fortschrittliche Firmen ihren Angestellten sogar mehrere Ruheräume zur Verfügung, damit die Fleißbienchen sich mal eine Pause im stressigen Büroalltag genehmigen können. Ich stelle mir vor, wie mein Chef wohl darauf reagiert, wenn ich ihm sage: Hey, lass uns doch hier ein paar Betten aufstellen und eine kleine Belegungsliste an die Tür heften: Weißt du, ich bin grad ein bisschen müde, weil ich eine neue Freundin habe. Verstehst du?

Am nächsten Mittag schließe ich die Bürotür und ziehe den Rollcontainer unterm Schreibtisch hervor; er soll mir als Fußende dienen. Den umgestülpten Papierkorb schiebe ich unter die Kniekehlen, dann klappe ich die Rückenlehne meines Drehstuhls nach hinten. Siesta! In den Artikeln, die ich gelesen habe, schwören die Autoren auf die »Progressive Muskelentspannung« nach Jacobsen. Nur für den Fall, dass man nicht sofort und wie auf Kommando einschlafen kann. Dabei geht es im Prinzip darum, die Muskulatur kräftig anzuspannen und so die Durchblutung zu verstärken. Paar Sekunden anspannen, dann lockern, währenddessen gleichmäßig atmen. So weit die Theorie.

Mein Problem war nicht das Einschlafen. Im Gegenteil. Ich hatte mir zur Sicherheit den Wecker meines Handys eingestellt – falls der Schlüsseltrick nicht funktionieren sollte. Der geht so: Du nimmst einen Schlüsselbund in die Hand, und er fällt zu Boden, sobald sich die Hand öffnet. Und das tat sie auch, als die Tiefschlafphase erreicht war und sich die Muskeln entspannt hatten. Es scheppert und klirrt, ich wache auf und fühle mich super; besser noch, als ich es jemals zu erwarten gewagt hätte. Es gibt nur einen kleinen Haken. Selbst drei Zimmer weiter hatten sich die Kollegen noch vom überwältigenden Erfolg meines Powernappings überzeugen können. In der Zwischenzeit hatten sie aus dem Internet eines dieser wahnsinnig lustigen Schilder ausgedruckt, wie sie überall in Amtsstuben hängen. Jetzt hing es an meiner Tür: »Lieber acht Stunden Büro als gar kein Schlaf.«

kapitel 5

Lena knallt einen Prospekt auf den Esstisch meiner Wohnung. »Hammer!«, sagt sie. Mehr erst mal nicht. Ich werfe einen kurzen Blick darauf, weiß aber trotzdem nicht, was sie meint.

»Schau dir das mal an, hab ich in der *Bunten* schon mal von gelesen. Hammer!«

Der Prospekt war auf teurem festem Papier gedruckt, so etwas macht dem notorischen Pleitier in mir immer Angst. Wer es sich leisten kann, seine Produkte auf diese Art zu bewerben, holt sich die Kohle spätestens dann zurück, wenn er dich als Kunden an der Angel hat.

»Schau's dir doch mal an«, sagt Lena jetzt mit der Ungeduld einer Vierjährigen, die vor den vielen Geschenken unterm Christbaum steht, aber erst noch mal ein Gedicht aufsagen soll. Ich betrachte das Cover: »Spa-Ida«, steht da in einer blassblauen Schrift. Und in Großschrift: »Eines der exklusivsten Erholungsgebiete der Welt«. Ich muss zugeben: »Spar-Ida« wäre mir lieber gewesen.

»Und?«, sage ich.

»Und?« Lena ist so euphorisch wie ein Technofan auf Ecstasy. »Lass uns doch mal ein langes Wochenende da hinfahren. Die haben gerade Eröffnungsangebote. Hammer!«

Ein langes Wochenende. Na klasse, das hat mir gerade noch gefehlt. Klar, jeder normale Mann wäre einfach nur glücklich, wenn seine neue Freundin ihm so ein romantisches Liebeswochenende vorschlagen würde. Mit Vögeln bis in den Sonnenuntergang und allem, was dazugehört. Ich bin ein Sonderling und einfach bloß froh, wenn wir nur jede zweite Nacht miteinander verbringen und ich zwischendurch wieder einigermaßen auf die Beine komme. Bisher war es mir noch jedes Mal gelungen, neben ihr kein Auge zuzumachen und den Schlaf am nächsten Tag nachzuholen, wenn ich allein war. Aber wie bitte soll das an einem langen Wochenende funktionieren? Das ist ein 24-Stunden-Programm mal drei. Ohne Powernap zwischendurch.

Ich lasse mir nichts anmerken und blättere in dem Prospekt. Aida-Resort Kitzbühel. Bei dem Namen muss ich an ein Kreuzfahrtschiff denken und nicht an die Berge. Im Winter fahren wir öfter mal nach Kitzbühel zum Skifahren – morgens hin, abends zurück, und meistens länger im Stau auf der Autobahn als auf der Piste. »Wie kommst du auf Kitzbühel? Es ist Hochsommer.«

»Kitz soll ein Traum sein im Sommer. Außerdem sind dann auch diese ganzen Münchner Schickimicki-Penner nicht da«, sagt Lena. So viel hatte ich jetzt schon über sie gelernt: Wenn sie von etwas überzeugt ist, kannst du Rhetorik-Professor sein, du wirst sie nicht davon abbringen. Und ein bisschen Erholung könnte ich in der Tat vertragen. Warum also nicht? Wenigstens gelingt es mir, sie von einem verlängerten auf ein normales Wochenende runterzuhandeln. Wenigstens das.

Eine Woche später sitzen wir in meinem kleinen roten italienischen Cabrio. Dach runter, Sonnenbrille auf. Lena trägt ein seidenes Kopftuch und sieht aus wie Grace Kelly.

Sie hatte drauf bestanden, ihre Eros-Ramazotti-CD einzulegen, und ich muss sagen, ich war selten so froh wie jetzt, einen Werkstatt-Termin verpasst zu haben. Der Motor dröhnt, als würde dieses Auto nicht nur so tun, ein Sportwagen zu sein, und das kleine Loch im Auspuff übertönt den Herrn Ramazotti auch bei voller Ausreizung der Anlagenlautstärke. Stattdessen singt jetzt Lena: »Piu bella cosa non ch'e, piu bella cosa di te.« Und wenn du dabei so angeschaut wirst, hey, wie kann einem das nicht gefallen?

Wir fahren über Land. Der Romantik wegen. Und während wir so über die Dörfer gondeln, offenbart sich uns ein Bayern, das an jene Zeiten erinnert, bevor Edmund Stoiber den Laptop erfunden hat. In jedem Kaff ein prächtiger Maibaum auf dem Dorfplatz, Bauernhäuser mit Geranien an den Balkonen. Banken, deren Fassaden von lieblicher Lüftlmalerei verziert sind. Ich hatte wirklich geglaubt, solche Katalog-Bilder ließe der bayerische Tourismusverband im Foto-Studio produzieren. Und mein Magen meldet sich von Mal zu Mal lauter wie ein wütender Hund, wenn wir an einem Schild vorbeifahren, auf dem »Metzger-Wirt« steht.

Lena kämpft immer noch mit der Zigarettenasche, die ihr der Fahrtwind zuverlässig entgegenschleudert, als wir am Ortseingang durch den großen roten Bogen mit der Aufschrift »Kitzbühel« rollen. Wir biegen am Tennisstadion ab, dann geht es eine kurze kurvige Straße den Berg hoch. Die Auffahrt zum »Aida« ist keine banale Auffahrt, sondern ein galerieartiger Tunnel. Wir stellen unseren Alfa Spider, Baujahr 93, in der Garage ab, und beim Anblick der übrigen Karossen hier fühle ich mich augenblicklich wie ein sozialer Außenseiter.

»Wenn hier ein Feuer ausbricht«, sage ich, »treibt es

in Stuttgart ein paar Auto-Managern sofort die Dollar-Zeichen in die Augen.« Hier würde man sicherlich von den meisten Gästen schon mit einem VW Touareg als Proll abgestempelt.

»Vielleicht sollten sie mal ein paar Berliner Autonomen eine Sommerfrische spendieren«, sagt Lena. »Die fackeln das schon alles für sie ab.«

Vor dem Hotel liegt ein kleiner künstlicher See, von einem Mäuerchen aus wuchtigen Natursteinen eingefasst. Vereinzelt spritzen ein paar Fontänen in den blauen Himmel über dem Wilden Kaiser. Ein Grün des Neun-Loch-Golfplatzes ist in dieses Ensemble integriert. Es ist wirklich sagenhaft: In Kitzbühel entstehen neue Golfplätze noch schneller als Starbucks- und Balzac-Cafés in deutschen Innenstädten.

Hotel ist ein euphemistischer Begriff für diese monumentale Anlage. Architektonisch orientiert sich das »Aida-Resort« an die österreichischen Schlösschen, wie man sie aus amerikanischen Nazi-Komödien kennt: ein paar Türmchen, unendlich viele Gauben und hölzerne rot-weiß-rote Fensterläden. Ja, servus.

Zumindest hat man einen großartigen Blick auf die Streif-Abfahrt. »Das schaut aus wie ein alpiner Robinson-Club«, sage ich. »Nur ohne Animateure.«

»Wart mal ab. Wahrscheinlich liegen die bloß alle mit einer Fischvergiftung flach.«

Ein Page, dem sein schwarzer Anzug einige bedauernswerte Schweißperlen auf die Stirn treibt, nimmt uns das übersichtliche Gepäck ab. Zahlt man in Tirol für solche Sachen Trinkgeld? *This is not America*, denke ich, nur bin ich leider nicht besonders vertraut mit den Gepflogenheiten in derlei Hotels. Er zeigt uns das Zimmer, die Zimmernummer leuchtet rot auf einem schwarzen LED-Display neben der Tür. Ich krame einen Fünfer aus dem Geldbeutel und kann aus der Reaktion des Pagen nicht eindeutig schließen, ob er das für eine Beleidigung hält.

Die Einrichtung sieht aus, als hätte der Innenarchitekt mindestens eine ganze Jahres-Produktion von »Habitat« aufgekauft, was immerhin mal was anderes ist als die übliche folkloristische Jodel-Dodel-Zirben-Ästhetik aus hellem Weichholz.

»Warum die Angestellten wohl keine Lederhosen und Dirndl tragen?«, frage ich.

»Weil wir eben nicht im Robinson-Club sind, und jetzt fang nicht schon an zu nölen, bevor wir überhaupt ausgepackt haben.« Sie ist wild entschlossen, sich hier wohl zu fühlen.

Als ich mich zu ihr drehe, zieht sie sich gerade aus, aber noch ehe ich angemessen auf diesen Anblick reagieren kann, hat sie sich den Bademantel übergeworfen. »Na los«, sagt sie, »lass uns in den Wellness-Bereich gehen!« Ich hätte da zwar eine gänzlich andere Idee, beuge mich aber ihrem dominanten Explorationsgeist.

Ich möchte gern mal den Typen kennenlernen, der den Begriff Wellness erfunden hat. Für den müssten sie eigentlich zwei Elefanten in Gold aufwiegen! Letztlich geht es dabei doch um nichts anderes als die ollen Kuren, die meine Eltern und Großeltern sich alle paar Jahre von der Krankenkasse ergaunern. Sieht nur besser aus und kostet ein Vermögen.

Wir liegen am Pool in einer Art Strandkorb, allerdings ist dieser hier wahrscheinlich von einem berühmten Designer gestaltet worden und kostet bestimmt mehr als ein durchschnittlicher Kleinwagen. Ich muss zugeben: Hätte ich was Gescheites gelernt, würde ich mir so etwas auch in den Garten stellen. Oder an meinen Pool. Es sind sehr schöne, allerdings auch ziemlich schmale Strandkörbe, aber Lena und ich sind noch in einem Stadium unserer Beziehung, in dem man sich so einen teilt. Vor allem sind wir komplett allein hier – und Lena fällt jetzt über mich her wie ein Tiger, der seinen Dompteur nicht mehr erkennt.

Irgendwann rücke ich damit raus, dass mir diese Gegend hier nicht ganz unbekannt ist. Und dass ich, na ja, auch schon ein kleines Programm für uns erarbeitet habe. Lena ist nicht im Geringsten überrascht.

Zum Abendessen will Lena aber unbedingt im Hotel bleiben. »Die sollen eine unfassbar gute Küche haben«, sagt sie.

Der Kellner bringt die Speisekarte. »Tomaten-Petersilien-Shot«, steht da, und ich denke: Aha, Vorsuppe im Schnapsglas, sehr originell.

Danach »Perlhuhnessenz an Feigen-Leber und Maultasche« gefolgt von »Tiroler Rind in zwei Gängen«. Als ich die Preise sehe, wird mir schwindelig, vor meinem geistigen Auge materialisiert sich das bedrohliche Bild von Herrn Bauer, dem an sich netten Herrn, der mit väterlicher Strenge die Aufsicht über mein Konto führt.

Wir nehmen einen Rotspon vom Jurtschitsch. Es ist der einzige Wein auf der Liste, den ich kenne – und der als Flasche dargeboten nicht meinen Tagessatz als Lohnschreiber überschreitet.

Lena genießt dieses Essen, sie liebt diesen Wein, und das bereitet mir nun eine gewisse innere Versöhnung. Der Kellner tritt an unseren Tisch, um die Selektion von vermutlich handgezapftem und -geschöpftem Rohmilch-Käse zu servieren. »Mögen's vielleicht no a Schnapserl dazu?«, fragt er und zaubert hinter seinem Rücken die

Digestif-Karte hervor. Eine eigene Karte nur für Schnäpse. Ich schließe die Augen und zähle bis drei. Und atme tief durch.

»Alter Apfel – klingt das nicht hübsch, Schatz?«, sagt Lena, »das ist doch viel besser als alte Orangenhaut.« Dazu kichert sie wie ein pubertierendes Mädchen. Wir hatten zwei Flaschen Wein, und jetzt hat sie einen sitzen.

Der Kellner ist zurück mit zwei Obstbrandgläsern. Mundgeblasen, vermutlich.

»Alter Apfel«, sagt er triumphierend, als hätte nicht Craig Venter, sondern er den Genom-Code entschlüsselt. Und zwar genau in diesem Moment.

»Alter Apfel vom Gölles«, wiederholt er, nachdem er die Gläser abgestellt hat, und fügt hinzu: »Im Eichenfass gelagert.« Dazu formt er jetzt mit seinen beiden Händen ein Fässchen in der Luft.

Die Österreicher begreifen das Kellnern ja immer noch als traditionsreiches Handwerk. Ich mag das. In Berlin war ich mal in einem dieser Super-Hip-Lokale mit Molekular-Küche, da hatte die Kellnerin mehr Piercings im Mund als Zähne. Dann lieber so ein leicht serviler Typ wie der hier.

Der alte Apfel schmeckt großartig, sanft und fruchtig, und er hinterlässt ölige Schlieren im Glas. Ich habe mal gelernt, dass das ein gutes Zeichen sei. »Mehr!«, sagt Lena. Es klingt fast wie ein Aufstoßen.

Ich winke den Kellner noch mal heran, und auch das muss man ihm lassen, er erweist sich als einer der wenigen Vertreter seiner Zunft, der mich nicht permanent ignoriert, als wäre auch ich aus Glas. Es sollte der Beginn einer wunderbaren Freundschaft sein.

»Sagen Sie, könnten wir noch zweimal dasselbe haben«, sage ich betont unbeholfen, und als er wenig später mit den Gläsern wieder vor uns steht, frage ich scheinheilig: »Was war noch mal das Besondere an diesem Brand?«

»Im Eichenfass gelagert«, und wieder formt er das Fässchen in der Luft. Großartige Nummer. Lena muss sich brutal zusammenreißen, um nicht vor Lachen zu platzen. Im Sinne der Restaurant-Etikette ist sie jetzt eine tickende Zeitbombe. Ich beschließe, sie in unser Zimmer zu transportieren. Von wegen Vögeln bis in den Sonnenuntergang: Die Sonne ist längst versunken und mit ihr offenbar auch meine Chancen auf die erhoffte Liebesnacht.

Lena ist komplett sediert. Es ist zwar nicht exakt so, wie ich mir unseren Ausflug in die Berge vorgestellt habe, aber immerhin schläft sie wie im Koma. Die erste Nacht würde ich locker durchhalten. Ich habe jetzt Übung darin. Gelegentlich stehe ich auf und wandere in unserem großzügigen Zimmer umher, das ist gut für die Durchblutung, danach lege ich mich wieder hin. Merkwürdig aufgekratzt denke ich an den morgigen Tag; ich werde Lena das Dorf zeigen, wir werden durch die Geschäfte bummeln, und ich werde – so ein Ärger – meine Kreditkarte im Hotel vergessen haben: »Ach wissen's, legen's das doch zurück für uns.« Genauso werde ich das machen.

Eine Sache schätze ich besonders an Lena: Zwar liest sie all diese Frauen-Magazine, in denen sie ständig suggerieren, das Überleben der Menschheit hänge vom Erwerb einer ganz bestimmten Handtasche ab. Lena kann mit ihren Freundinnen schier unerschöpfliche Dialoge darüber führen, auch über ganz spezielle Jeans, Kleider, Stiefel. Trotzdem scheint es ihr nichts auszumachen, die trashigen Fakes bei H&M und Zara zu kaufen. Ich bewundere sie dafür. Ob ich also die Kreditkarte doch gefahrlos mitnehmen kann?

Als Lena aufwacht, ist es gerade mal halb acht. Ich hatte vergessen, die Vorhänge zu schließen. Aber in meinem Zustand kann ich ja auch nicht an alles denken. Sie kommt stöhnend zu sich.

»Sachma, wo sind die Aspirin?«, ächzt sie.

Ich habe seltsamerweise noch bessere Laune als diese Nervensägen aus dem Frühstücksradio: »Hey, Luise Trenker, fit für eine Bergwanderung?«

»Aspirin!!!!!«

Lena taumelt ins Bad, ich höre das Wasser rauschen. Und rauschen und rauschen. Eine Viertelstunde vergeht, zwanzig Minuten, ich beginne, mir Sorgen zu machen, und will nur kurz nachsehen, ob sie wenigstens den Stöpsel aus der Badewanne gezogen hat. Nicht, dass sie mir noch ertrinkt. Die Tür ist verschlossen. Nach einer unfassbaren Stunde kommt sie wieder zum Vorschein – Lena, die sonst schneller ist als ich. Aber dafür sieht sie fantastisch aus. Keine Ahnung, wie sie das gemacht hat. Womöglich verbirgt sich das Geheimnis ihrer Frischzellenkur auch in dem Schminkköfferchen, das ich beim Beladen meines schlanken Kofferraums zum ersten Mal bei ihr gesehen habe.

Beim Frühstück stelle ich fest, dass wir das Durchschnittsalter dramatisch senken. Ein riesiger Laden, der mit den paar Senioren, die an ihren Bio-Vollkornsemmeln nagen, gespenstisch leer wirkt. Oder sind die anderen womöglich alle schon auf dem Golfplatz?

Wir schlendern runter ins Dorf. »Ich brauch noch'n Kaffee«, sagt Lena. Und wenn ich ehrlich bin: ich auch.

»Lass uns in die Alte Post gehen«, sage ich, »die haben so einen netten Wintergarten zur Fußgängerzone hin. Da sitzt man wie im Kino.«

Die »Alte Post« ist in Wahrheit das einzige Café, das ich wirklich kenne. Und zugleich das Zentrum Tiroler Gemütlichkeit in Kitzbühel: schwere Schnitzereien an den Decken und Wänden, alles hübsch holzvertäfelt. Ich halte Lena die schwere Eingangstür auf und frage mich, ob sie im Sommer wohl die Portiers dem Arbeitsamt überlassen. Wir kommen rein, und vorne in der Stube sitzt Hansi Hinterseer zu einer Besprechung mit einem dieser Geschäftsleute, die ihr Haar mit einer halben Tube Gel nach hinten kämmen und eine Zigarre in der Faust halten vom Format eines Junioren-Baseballschlägers.

Der Hansi trägt eine weiße Hose und ein weißes Hemd.

»Ich war im Winter hier, da hatte er dazu auch weiße Fellboots an. Schaut super aus.«

Lena glotzt mich irritiert an.

»Der Hansi«, sage ich. »Der sitzt immer hier. Früher dachte ich, die bezahlen ihn dafür, als lebende Touristenattraktion.«

Als ihr Mund nach all dem Staunen wieder zu ist, sage ich: »Okay, lass uns erst mal einen Kaffee trinken.«

So richtig unternehmungslustig ist sie heute nicht mehr. Die Bergwanderung ist wohl auf morgen verschoben. Nachdem wir eine Weile schweigend auf die Fußgängerzone zu Louis Vuitton hinausgestarrt haben, kramt sie in ihrer Handtasche. Kurz darauf präsentiert sie wieder so einen Katalog. Genau genommen legt sie ihn vor sich hin und breitet ihn auf dem Tisch aus wie eine Schatzkarte. Es ist die Spa-Ida-Preisliste.

Ich denke: Oha. Ich denke: 32 Seiten, die mir ein tieferes Loch ins Portemonnaie fressen werden als ein Holzwurm in einen alten Bauernschrank.

Lena fährt den Zeigefinger aus. »Das da, das brauche ich jetzt.« Ich lese: Abhyanga – ayurvedische Ganzkörpermassage. »Ich wüsste nicht mal, wie man das ausspricht«, sage ich und füge mit meinem Möchtegern-Bayern-Akzent hinzu: »Aber wenn's schee moacht …«

Abhyanga heißt auch nichts anderes, als dass man mit warmem Öl begossen und ordentlich durchgeknetet wird. Lena sagt: »Jetzt guck doch nicht so spießig. Das klingt natürlich alles behämmert, ist aber echt klasse. Gönn dir doch auch was.« Sie blättert die Preisliste durch, vielleicht sollte ich sagen: Sie scannt sie ab. »Hier, das ist was für dich – Thai-Yoga-Massage.« Und dann liest sie vor: »Mit einer einzigartigen Technik wird der Körper gedehnt, gestreckt und energetisch belebt. Die Wirkung ist verblüffend: Bewegungen werden geschmeidiger, Spannungen lösen sich, der Energiefluss wird angeregt, und nach einer Phase tiefster Entspannung fühlt sich der Körper wie neugeboren.« Sie strahlt mich förmlich an. »Das ist doch genau das Richtige.« Dabei kann sie gar nicht ahnen, wie recht sie damit hat.

Drei Stunden später liege ich in schlabberigen Shorts bei einer zierlichen jungen Frau namens Christel auf einer Matte. Sie stellt sich als die Thai-Yoga-Masseurin vor, und an sehr viel mehr als die Vorstellung kann ich mich auch nicht mehr erinnern. Ich glaube, es hat keine drei Minuten gedauert, da war ich eingepennt.

Christel sah aus wie eine ehrliche Haut. Sie wird mich nach Leibeskräften gedehnt und gestreckt und auch energetisch belebt haben in diesen 60 Minuten, da bin ich mir sicher. Ansonsten hätte sie einen ziemlich guten Deal gemacht.

Womöglich lag es an Christels Händen – ich fühle mich tatsächlich wie neugeboren. Vielleicht lag es aber auch einfach nur daran, dass ich verdammt gut geratzt hatte. Eine Stunde Schlaf – 80 Euro.

Nun ja. Immerhin war das ein sehr solides Konzept, mit dem sich sogar eine ganze Woche hier durchhalten ließe, wenn auch ein sehr kostspieliges. Jeden Tag ein oder anderthalb Stündchen aus diesem wunderbaren Programm: »Bali Boreh«, eine Anwendung, die sie von balinesischen Reisbauern kopiert haben, eine hawaiianische Tempelmassage namens »Lomi Lomi Nui« oder eine »Padabhyanga«, die sich nach meiner Recherche als eine ayurvedische Fußmassage herausstellte. 140 Euro, 140 Euro, 75 Euro. In Sachen Liebe darf man eben nicht kleinlich sein und auf ein paar lumpige Cents achten. Und so eine Masseurin, die hat ja außerdem eine ärzteähnliche Schweigepflicht. Da kann ich schnarchen, dass die Fliesen vom Putz bröckeln.

Für den Abend habe ich einen Tisch in Vronis Senn-Hütt'n oben auf der Sonnenalm reserviert. Hier geht nicht nur im Winter mehr deutsche Industrie-Elite ein und aus als beim Weltwirtschaftsforum in Davos. Auf den Reservierungskärtchen stehen dann Namen wie Jürgen Schrempp oder Mark Wössner. Auf den Fensterbänken stehen geschnitzte Tierfiguren, die Wände sind mit schweren Holzplanken vertäfelt, und an der Wand sind mehr gerahmte Bilder zu besichtigen als in der Schaufensterauslage eines Dorf-Fotografen: die Vroni mit den Klitschko-Brüdern, die Vroni mit Boris Becker. Mit Niki Lauda. Arnold Schwarzenegger. Moshammer. Heino.

Dies ist einer der besten Orte in der ganzen Umgebung, um auf den Sonnenuntergang zu warten. Von

Vronis Terrasse aus kannst du das komplette Tal vom Wilden Kaiser bis rüber nach Pass Thurn hinunterschauen. Den ganzen Tag knallt die Sonne auf diesen Flecken runter, und wahrscheinlich genau deshalb kaufen in jüngster Zeit diese unfassbar reichen russischen Oligarchen den halben Berg auf. Vielleicht liegt es aber auch nur daran, dass in Moskau so ein Sieben-Millionen-Häuschen gerade ein ziemlich angesagtes Accessoire ist.

Nachdem dieses Konzept gestern Abend schon so gut funktioniert hat, beschließe ich, Lena abzufüllen, bis sie kaum noch ihren Namen buchstabieren kann. Natürlich ist das eine etwas sonderbare Strategie für ein sogenanntes Liebeswochenende. Früher haben wir die Mädels immer ordentlich besoffen gemacht, um sie in die Kiste abzuschleppen – jetzt mache ich es, damit Lena im Bett bleibt. Wenn auch einigermaßen weggetreten.

Die Küche hier oben ist nicht sonderlich originell, aber bodenständig. Und verdammt gut. Was auch immer die Vroni ihren Bauernenten beimischt, ich kenne Leute, die sind davon so abhängig wie von einer Droge. Lena findet allerdings, dass man im Sommer unmöglich Ente mit Blaukraut bestellen kann. Wir nehmen Wiener Schnitzel und einen Rotwein, der »Bocca di Lupo« heißt.

Zum Dessert schleppt der Kellner eine riesige Pfanne Kaiserschmarrn an unseren Tisch.

»Ich krieg eh kaum noch was rein«, jammert Lena.

»No a Schnapserl, Schatz?«, frage ich. »Alter Apfel vielleicht?«

»Hör bloß auf. Das Zeug hat mich gestern betäubt wie K.-o.-Tropfen.«

Ich bestelle zwei Marillen. Und später noch mehr. Der Plan geht auf.

Als der Kellner die zweite Flasche Wein bringt, sagt

er: »Bocca di Lupo – das heißt wörtlich übersetzt im Maul des Wolfes und steht für ›viel Glück‹.«

Lena verdreht semi-genervt die Augen. Auch das hatte ich schon gelernt: Belehre niemals eine Professoren-Tochter, es sei denn, du bist ihr Vater. »Weiß ich«, sagt Lena. Sie hat in Bologna bei Umberto Eco studiert, was der Kellner so jetzt auch nicht wissen konnte.

Sie sagt: »Es gibt noch ein ähnliches Sprichwort. Es heißt ›in cula la balena‹.«

Der Kellner versteht nicht.

Lena klärt ihn auf: »Im Prinzip heißt das: Oha, große Aufgabe. Wörtlich übersetzt heißt es: Im Hintern des Wals – Sie verstehen schon.«

»In der Tat eine große Aufgabe«, sagt der Kellner und bringt kurz darauf noch mal zwei Marillen aufs Haus. Für den Lerneffekt.

Aus den Boxen dudeln seit Stunden volkstümliche Weisen. Das ist der hohe Preis der Gemütlichkeit. »Edelweiß/ Jeder weiß/dass du die schönste Blume bist«, singt ein nicht mehr ganz taufrischer Mann. Und in dem Moment geht die Musik aus und die Vroni kommt mit ihrer Gitarre auf die Terrasse und spielt selbst.

Lena schunkelt wie entfesselt. Ich denke: Na servus, das volle Programm. »Sollen wir nachher noch die CD kaufen?«

Ich kriege keine Antwort, weil Lena inzwischen einem völlig überdrehten Düsseldorfer Bauunternehmer zum Opfer gefallen ist, der sich bei ihr untergehakt hat. Als die Vroni zu Ende gejodelt hat, bestellt er noch eine Runde Schnaps. Und ich ein Taxi.

Lena braucht noch ein wenig, und während ich schon mal in dem Großraumwagen Platz nehme, wartet der

Fahrer drinnen bei der Vroni. Vorn auf dem Beifahrersitz hat er einen nicht ganz geschlossenen Mini-Laptop liegen, dessen Kabel im Zigarettenanzünder steckt. Und mit einem Mal höre ich merkwürdige Geräusche. Erst ist da so ein Stöhnen, dann sagt ein Mann: »Du Sau, du. Du Fotze.«

Lena steigt ein, und der Fahrer wartet noch auf den dicken Bauunternehmer und dessen Gattin, die auch ins Dorf runter wollen. »Mir graut's schon vor den Kurven«, sagt Lena, als sie sich auf den Platz neben mir fallen lässt. »Kurven sind ein gutes Stichwort«, sage ich, »hör dir das mal an.« Sie lauscht der Frau im Laptop, die jetzt immer heftiger stöhnt, dann schreit sie: »Fester, fester.« Lena macht riesige Augen. »Ist nicht wahr, oder? Das Schwein zieht sich hier im Auto einen Porno rein?« Während der Fahrt lässt sie sich nichts anmerken, der Motor stöhnt noch lauter als die Dame in dem Video. Als wir aussteigen, sagt Lena zum Fahrer: »Schönen Abend dann noch. Ach ja – brauchen Sie vielleicht noch ein paar Kleenex?«

In unserem Zimmer fällt Lena wie vom Blitz getroffen ins Bett. Ich helfe ihr aus den Klamotten und mache es mir gemütlich. Für morgen hat sie ein ziemlich ambitioniertes Wellness- und Wanderprogramm angesetzt. Mal sehen, ob sie überhaupt jemals wieder aus dem Koma erwacht. Ich liege neben ihr und schaue ihr beim Schlafen zu: Gelegentlich seufzt sie leise, und dann spitzt sie ihren Mund und lässt ein lang gezogenes »pffffüüüü« heraus. Das klingt sehr niedlich und sieht auch so aus. Aber um ehrlich zu sein: Allmählich kämpfe auch ich mit der Wirkung der Marille.

Das Bett ist das beste, in dem ich je gelegen habe. Die Matratze ist fest und passt sich dennoch dem Körper an, umschmeichelt einen geradezu. Gaaanz langsam, so langsam, dass ich es gar nicht realisiere, fallen mir die Augen zu.

Als ich aufschrecke, steht mein Herz schier still. Scheiße!!!! Ich blicke auf die Uhr, als stünde dort die Antwort darauf, wie lange ich hier eingenickt bin. Hektisch blicke ich zu Lena rüber. Sie schläft. Sie seufzt. Sie spitzt ihre Lippen und macht »pffffüüüü«. Es ist halb fünf, und ich bin erleichtert. Hat nicht viel gefehlt, und ich hätte alles versemmelt. Der Schnapsanschlag auf Lena hat mir den Arsch gerettet, so viel steht fest.

Draußen ist es immer noch stockfinster. Ich bleibe am Fenster stehen und beobachte, wie die Sonne ganz langsam über dem Hahnenkamm aufgeht. Hätte ich mir früher auch nicht träumen lassen, dass mich eines Tages mal Naturschauspiele derart fesseln würden. Womöglich ist es aber auch nur die pure Angst vor der Entlarvung, die mich jetzt wach hält. Das Adrenalin pumpt immer noch durch meine Adern. Dieses Aufwachen war mir eine äußerst ernste Warnung: Du darfst diese Angst nicht verlieren! Vermutlich senkt sich meine Herzfrequenz erst in dem Moment wieder, wenn Lena sich um kurz nach acht hochrappelt. Wie auch immer sie das noch hinbekommen hat – sie hat tatsächlich den Wecker gestellt.

Es mag an der Gewöhnung liegen, auf jeden Fall ist am Morgen keine Spur von Kater in ihrem Gesicht. Und für zehn Uhr hat sie einen Termin im Spa gemacht.

Der Katalog liegt aufgeschlagen auf dem Tisch, eine Anwendung namens »Java Lulur« ist mit gelbem Leuchtstift markiert: »Bei der traditionellen javanischen Lulur-Behandlung werden asiatische Kräuter, Gewürze, Blumen und Joghurt verwendet. Sie beginnt mit einer traditionellen indonesischen Massage mit aromatischen Ölen.

Anschließend folgt ein würziges Ganzkörperpeeling mit Ingwer, Muskat und Zimt. Eine Ganzkörper-Joghurt-Packung stärkt und neutralisiert die Haut. Zum krönenden Abschluss genießen Sie ein Blumenbad mit einem speziellen Tee zum Ausgleich.« Donnerwetter.

»Und das schaffen die alles in 90 Minuten?«, frage ich.

»Irre, oder? Klingt wie ein Tagesprogramm«, sagt Lena. »Ich bin auch schon sehr gespannt.«

Dann sagt sie: »Für dich hab ich übrigens eine ganz normale Massage gebucht. Damit dieses Nackenschmerzen-Gejammer endlich mal aufhört.«

Im Wellness-Bereich wartet tatsächlich schon wieder die Christel auf mich, und allmählich fange ich an, mich hier wohl zu fühlen. Bekannte Gesichter geben mir immer ein Gefühl von Sicherheit. Und Christel ist nun meine Komplizin. »Kann sein, dass ich einschlafe«, sage ich, »lässt du mich im Zweifel noch ein bisschen länger liegen?«

»Wie meinst du das?«

»Na ja, falls ihr den Massageraum nicht sofort wieder ausgebucht habt, meine ich. Weißt du, die Anwendung meiner Freundin dauert 90 Minuten. Und im Moment kann ich jede Minute Schlaf gebrauchen.«

Die Christel grinst verschwörerisch. Einen Moment lang frage ich mich, ob sie über meine Nöte Bescheid weiß, schließlich hat sie mich ja schon fast eine komplette Sitzung schlafbehandelt. Aber gesagt hat sie nichts. Entweder gehört das zur Hausetikette, oder eine Massage entschnarcht mich. Vielleicht sollte ich dem bald mal auf den Grund gehen. Jedenfalls lässt Christel mich pennen, und das ist fürs Erste die Hauptsache.

Kurz vor zwölf kommt Lena an den Pool zurück, ich bin trotz meines Nickerchens im Massageraum immer noch fix und fertig. »Und du willst jetzt wirklich noch eine Bergwanderung machen? Du weißt schon, dass die auch eine Gondel haben, oder?«, frage ich.

»Die nehmen wir auch«, sagt Lena. »Auf dem Rückweg.«

Sie sagt: »Bergauf zu wandern ist viel gesünder als runter. Das geht nicht so auf die Knie. Und außerdem haben wir abartig reingeschaufelt in den letzten Tagen, da musst du dir das heutige Mittagessen halt erst mal verdienen.«

»Du weißt schon, dass wir drei Stunden brauchen, um da raufzulatschen. Ich meine, falls wir den Weg auf Anhieb finden.«

»Je länger die Latscherei«, sagt Lena, »umso verdienter das Essen. Du kannst ja ein paar Müsliriegel als Wegzehrung mitnehmen.«

Wir checken aus und fahren hinüber zur Hahnenkammbahn. Lena bleibt dabei, dass sie hier nur parken will. Und dann stapfen wir los. Lena erzählt von ihrem »Lulu-Treatment«, wie sie es nennt, und dass es ruhig noch ein bisschen länger hätte gehen können. Ich denke: Finde ich auch – und zwar aus mehreren Gründen. Sie sagt: »Jetzt mal ohne Scheiß, hat dir das Hotel wirklich nicht gefallen? Ich finde, wir sollten im Winter zum Skifahren noch mal herkommen?«

Sorry, ich kann jetzt nicht reden. Ich keuche eine abgehackte Antwort und blicke angestrengt nach vorn. Das hier ist Sport, und beim Sport redet man nicht. Es hat mich immer schon deprimiert, wenn sich diese Jogger-Grüppchen in den Isar-Auen beim Laufen noch fröhlich unterhalten, während ich mich ihnen entkräftet entgegenschleppe. Was ohnehin nur alle zwei Monate vorkommt.

»Sag mal, hat's dir die Sprache verschlagen?«, fragt Lena nach einer Weile und gibt dabei unverändert eine ziemlich forsche Schrittfrequenz vor, während ich mich krampfig die Serpentinen hochquäle. Immer nur von Kurve zu Kurve denken.

»Ausdauer-Sport ist einfach nicht mein Ding«, sage ich, »ich bin Tennisspieler. Wenn du mich zum Laufen bringen willst, gib mir einen Ball.«

»Stimmt, da seid ihr Männer ja nicht anders als Hunde«, sagt Lena. »Soll ich dir ein Stöckchen abbrechen?«

Was mich ein bisschen frustriert: Im Winter brauche ich auf Skiern keine zehn Minuten, um exakt diesen Weg hier nach unten zu donnern, jetzt kommen nach etwas mehr als zweieinhalb Stunden endlich die grünen Dächer der »Rinder-Alm« in Sicht. Die »Rinder-Alm« ist wohl eine der schönsten Hütten der Alpen, was am Wochenende allerdings auch zu vielen Dutzenden die übelsten Schnösel aus München und Wien hier hochtreibt, die dann mit 18-Liter-Rotwein-Pullen die Magie dieses wundervollen Platzes ein wenig beeinträchtigen. Aber letztlich war ohnehin die Aussicht auf das unfassbare Enten-G'röstel das Einzige, was mich den Gewaltmarsch einigermaßen klaglos durchhalten ließ.

Wir sitzen noch zwei Stündchen in der Nachmittagssonne, schauen hinüber zum Steinbergkogel, meiner Lieblingsabfahrt im Winter, aber weder ein Glas Weißwein noch die drei doppelten Espressi vermögen mich zu reanimieren. Die paar Meter rüber zum Hahnenkamm schaffe ich jetzt zwar auch noch, aber in der Gondel nach unten kann ich kaum noch die Augen offen halten.

Wir stehen am Auto, ich krame den Schlüssel aus der Hosentasche und bin völlig groggy. In Kufstein halten wir noch mal kurz an der Tankstelle, ich schaue in Lenas gebräuntes, zufriedenes Gesicht. »Sag mal, mir ist das jetzt peinlich, aber ich bin echt alle von der Wanderung«, sage ich. »Könntest du vielleicht weiterfahren?«

Lena nimmt Platz auf dem Fahrersitz, dreht Ramazotti auf volle Lautstärke und gibt Gas. Als wir auf die Autobahn einbiegen, werden meine Augenlider immer schwerer. Ich kann mich nicht dagegen wehren, die Müdigkeit ist stärker als mein Wille. Die zwei harten Tage, das nette schaukelige Chauffiertwerden – wir müssen kurz hinter der Grenze gewesen sein, als ich endgültig dahindämmerte.

Als ich wieder erwache, brauche ich einen kurzen Moment, um zur Besinnung zu kommen und die Lage zu checken: wir stehen. Ich schaue nach links: Der Fahrersitz ist leer. Lena lehnt vorne am rechten Kotflügel, dort, wo mein Auto schöne Augen macht. Sie hält eine Zigarette in der Hand und sieht irgendwie stinksauer aus.

»Musstest du pinkeln?«, frage ich.

Oha, ihre Augen blitzen zornig. »Das ist nicht dein Ernst, oder?«

»Die Frage nach dem Pinkeln? Ich müsste eigentlich auch mal«, sage ich noch. »Der viele Kaffee.«

Zu Lenas Füßen liegen sieben ausgetretene Kippen, falls ich auf die Schnelle richtig gezählt habe. Wir stehen auf einem kleinen Autobahnparkplatz irgendwo auf der A8, rechts von uns unendliche Wiesen und Felder, und in mir steigt genau jetzt eine gut begründete Befürchtung auf. Ich blicke schuldbewusst zu Boden, zu den Kippen, dann wieder hoch zu ihr. »Wie lange stehst du schon so da?«

»Ich glaube, das ist nicht der Punkt«, sagt Lena. »Aber

wenn du es genau wissen willst – seit einer Dreiviertelstunde.«

Zuerst hat sie es schlicht nicht für möglich gehalten. Man muss sich mein Auto ziemlich laut vorstellen, quasi kastrierter Ferrari, dazu noch die Musik. Lena hat angehalten, um das Schnarchen in Original-Lautstärke zu hören. Sie kann es immer noch nicht fassen. »Ich bin sicher, die haben dich bis Rosenheim gehört.«

Okay, ein Mann muss erkennen, wann es sinnlos ist, zu einer Verteidigungsrede anzusetzen. Mir wird heiß und ein bisschen flau im Magen, so habe ich mich das letzte Mal gefühlt, als ich irgendwann in der zwölften Klasse beim Abschreiben in der Physik-Klausur erwischt wurde. Ich fühle mich ertappt wie ein Weight-Watchers-Teilnehmer, der sich nachts heimlich am Kühlschrank zu schaffen macht, und plötzlich geht hinter ihm das Licht an. »Also, wenn du willst«, sage ich etwas scheinheilig, »dann kann ich jetzt wieder weiterfahren.«

Lena lässt sich in den Fahrersitz plumpsen und wirft den Motor an, dann schüttelt sie den Kopf und sagt noch einmal: »Das ist doch alles nicht dein Ernst, oder?«

kapitel 6

Jetzt ist es also raus. Muss ich darüber unglücklich sein? Schwer zu sagen. Einerseits ist es eine Erleichterung: Ich kann mir die Heimlichtuerei um mein Wachbleiben sparen und werde künftig wieder mehr Schlaf bekommen. Vor allem wird sich mein Chef freuen, mich hin und wieder ausgeschlafen im Büro begrüßen zu dürfen. Andererseits habe ich ihr erst eine kleine Kostprobe meines Schnarchens gegeben, es war sozusagen nur ein Soundcheck, mehr nicht. Und wenn ich überlege, wie sie wohl auf das eigentliche Live-Konzert reagiert, wird mir ein bisschen flau im Magen.

Auf dem Rückweg von Kitzbühel habe ich mich mit dem alpinen Reizklima rausgeredet, einer heraufziehenden Erkältung, einer verstopften Nase, solchem Quatsch. Lena war irritiert, das muss man schon zugeben, aber hoffnungslos sah sie nicht aus. Ich glaube, sie hatte nicht annähernd eine Vorstellung davon, was ihr noch bevorsteht.

Trotzdem: Den Abend wollte sie allein verbringen. Sie formulierte das natürlich anders, sie sagte, ich soll mich erst mal ausschlafen und erholen von unserem tollen Wellness-Wochenende. Na prima, dachte ich, irgendwie auch absurd: ein Wellness-Wochenende, von dem man sich erholen muss.

Am nächsten Morgen ruft Toni an. »Wie war's?«

»Frag nicht.«

»Tu ich aber«, sagt er. »Hast du dein Programm *completto* durchgezogen?«

»Und noch mehr. Lass uns heute Nachmittag mal ins Quarto gehen, dann erzähl ich dir alles.«

»Quarto?« Toni druckst ein bisschen rum. »Können wir nicht woanders hingehen?«

»Wieso? Du hast doch nicht etwa ...? Och, nö!«

Natürlich hatte er. Er hat die Kellnerin in dem roten Tank-Top flachgelegt und sich danach nicht mehr bei ihr gemeldet, dieser Bauer. Das war vor drei Wochen. Genauere Umstände erläutert er jetzt nicht. Auf jeden Fall traut er sich nicht mehr hin.

»Na super«, sage ich. »Wenn's danach ginge, können wir hier im Viertel bald nur noch ins Fraunhofer Schoppenstüberl gehen. Oder in eine dieser Fußball-Spelunken.«

Stattdessen treffen wir uns in der »Botschaft«. Phil, der Barkeeper und Besitzer, hat den ganzen Laden quasi eigenhändig von einem Omi-Café auf Lounge-Bar umgestylt, was ihm durchaus gelungen ist. Cocktails kann er aber auch, sehr gute sogar. Ist ja auch irgendwie ein Handwerk. Es ist früher Abend, Toni und ich sitzen an einem der kleinen Tische auf der Straße, und drinnen experimentiert Phil an der Neudefinition des ultimativen Sommerdrinks. Er kommt mit zwei Longdrinkgläsern raus: viel Eis, eine durchsichtige Flüssigkeit und irgendein Kraut darin. Phil stellt die Gläser auf den Tisch und sagt: »Basilikum-Julep! Probiert mal, Jungs, das ist wie Mojito, nur eben mit Basilikum.«

Toni probiert einen Schluck, dann verdrehen sich seine Augen wie die rotierenden Walzen in einem Glücksspielautomat. Er macht: »Pfoah!« Dann stammelt er: »Alter!«

»Phil«, sage ich, »du machst Menschenversuche, ich bin mir nicht sicher, ob das juristisch so in Ordnung ist. Auf jeden Fall solltest du noch mal an die Mischung ran.«

Toni lacht sich schlapp, als ich von der Autobahn-Situation erzähle. »Du bist so ein unfassbarer Dilettant. Hättest du dich nicht noch ein paar Minuten zusammenreißen können?«

»Irgendwann hätte sie's eh rausgekriegt. Es ist besser so.«

»Und was machst du, wenn sie das nächste Mal mitten in der Nacht vor dir abhaut wie die anderen drei Millionen?«

»Zwei Millionen«, sage ich, »ein gutes Drittel ist ja immer geblieben. Keine Ahnung, was die so resistent gemacht hat. Ich hoffe, Lena gehört zu diesem Drittel.«

Phil hat das Mischverhältnis seines Drinks komplett überarbeitet; es ist der Hammer, wie Lena sagen würde. Trotzdem hätte ich lieber irgendwas ohne Alkohol.

»Was is' los?« Phil ist irritiert. »Hast du'n Problem?«

»Noch nicht, aber wenn es so weitergeht wie an meinem Wellness-Wochenende, dann lande ich noch in der Betty-Ford-Klinik.«

Toni sagt: »Wieso? Haben die jetzt auch schon eine HNO-Abteilung?«

Der Arsch. Toni sagt: »Okay, mal im Ernst. Hast du einen Plan B? Sonst mach dir mal Gedanken.«

»Warum sollte ich? Bis jetzt ist Plan A ja nicht gescheitert.«

Noch nicht. Als ich nach Hause komme, sitzt Lena auf dem Sofa. Vor ein paar Tagen habe ich ihr zu meinem eigenen Erstaunen meinen Wohnungsschlüssel schier aufgedrängt. Im Leben eines Singles, vielleicht sollte ich besser sagen: eines alleinstehenden Mannes, gibt es eigentlich ein paar feste Regeln. Du gehst niemals bei einer Frau auf die Toilette, jedenfalls nicht für die großen Jungs. Du lässt ihre Zahnbürste auf keinen Fall in dein Badezimmer einziehen. Und vor allem gibst du deinen Wohnungsschlüssel nicht her. Das gilt als vorweggenommener Heiratsantrag.

Lena trägt eine Jogginghose und schaut einen Hugh-Grant-Film. So stellen sich Frauen also das Leben vor, denke ich resigniert. Ich weiß noch, wie früher schon ein Foto von Tom Cruise bei mir einen Würgereiz ausgelöst hat. Der Kerl ist so klein, dass er kaum über den Bordstein gucken kann, trotzdem hat er Mitte der Achtziger wahrscheinlich jeden zweiten deutschen Teenie-Jungen unglücklich gemacht, weil alle Mädchen nur Tom liebten. Jetzt sind die Mädchen Frauen und lieben Hugh Grant!

Wir lümmeln noch eine Weile im Wohnzimmer rum, bis das »Nachtjournal« beginnt. Das sparen wir uns. Wir sind ja noch nicht verheiratet. Im Bett schläft sie in meinem Arm ein, was letztlich dazu führt, dass als Nächstes mein Arm einschläft, bevor auch mir die Augen zufallen. Wie wunderbar, denke ich noch, Löffelchen-Stellung und keinen Espresso mehr mitten in der Nacht. Um acht klingelt die Wecker-Funktion meines Handys, ich drücke die Snoooze-Funktion und dreh mich nach links: Leere. Ich stehe auf und sehe in der Küche nach, im Bad. Keine Lena. Shit, denke ich.

Bevor ich zur Arbeit gehe, klingele ich unten. Lena öffnet die Tür, sie sieht schlaftrunken aus. »Besorg dir Aspirin complex«, sagt sie, »Sinupret oder irgendwas. Du musst diesen Schnupfen loswerden. Ich hab kein Auge zugemacht.«

Am Abend drapiere ich »Wick Medinait« und das Nasenspray auf der Badezimmerablage wie Frauen ihre Gesicht-Cremes. Es ist ein Signal: Ich nehme deine Sorgen ernst. Und: Ich will dich in meinem Bett. Irgendwie muss ich die Illusion von Normalität aufrechterhalten; es ist die letzte Scharade, die mir vielleicht das endgültige Geständnis erspart. Vor allem aber hoffe ich auf das alte Prinzip der *self-fulfilling prophecy*. Lena wird die Medikamente sehen, und allein das löst in ihr eine so umfassende Beruhigung aus, dass sie mein Geschnarche gar nicht erst hört.

Wie naiv das ist, stelle ich am folgenden Morgen fest. Lena ist weg, und diesmal ist es wohl besser, erst gar nicht bei ihr zu klingeln auf dem Weg zur Arbeit. Gegen Mittag klingelt mein Telefon. »Lass uns was essen gehen«, sagt Lena, »wir müssen reden.« Das klingt ein bisschen nach »Das letzte Abendmahl«, nur eben mittags um halb zwei.

»Wann bist du denn abgehauen?«, frage ich scheinheilig.

»So gegen drei. Und ich hab mich gefühlt wie ein Zombie. Das geht gar nicht.«

Hm. Das war zu befürchten. Ich sage, dass es vielleicht auch gar nicht an der Erkältung liegt. Dass, ähm, es vielleicht öfter vorkommen könnte, also dieses Schnarchen. Diese erste sachte Andeutung kann Lena noch gar nicht in ihrer ganzen grausigen Konsequenz erfassen.

»Pass auf«, sage ich, »ich gehe nachher noch mal in die Apotheke. Und wir sehen uns heute Abend, okay? Wenn du willst, koche ich uns was.«

Ich gehe zurück ins Büro und rufe Toni an: »Du hattest recht. Ich brauche einen Plan B.« Am anderen Ende der Leitung höre ich nur ein ebenso dämliches wie gehässiges Lachen. Als er sich beruhigt hat, sagt Toni: »Apotheke ist doch eine gute Idee. Die werden schon irgendwas haben, was dir hilft. Kann doch nicht so schwer sein.«

Kann doch nicht so schwer sein? Diesen Optimismus möchte ich auch gern mal haben. Ich fühle mich als Geisel einer üblen anatomischen Laune. Das Schicksal hat mir diesen blonden Engel als Nachbarin geschickt, es hat mir am Altpapiercontainer verschwörerisch zugezwinkert, nur um mich dann, mit einem hämischen Grinsen im Schicksalsgesicht, dermaßen auf die Probe zu stellen. Das kommt mir alles ein bisschen vor wie ein Theaterstück aus der griechischen Antike.

Nach der Arbeit halte ich an der Apotheke am Gärtnerplatz. Das war keine besonders gute Idee. Sie ist eine der am meisten frequentierten der Gegend. Ich fühle mich wie ein 16-Jähriger, der zum ersten Mal in seinem Leben Kondome kauft, und krame so lange in den Kosmetikregalen rum, bis auch die letzte Kundin endlich verschwunden ist. Mir ist die ganze Nummer auch ohne Ohrenzeugen schon peinlich genug. Eine Dame, deren Namensschild sie als Frau Stockinger ausweist, fragt, ob ich Hilfe bräuchte. Steht mir das etwa schon auf der Stirn geschrieben?

»O ja«, sage ich, »das können Sie. Also ich habe eine neue Freundin, und äh, na ja, wissen Sie, also ... ich schnarche. Und sie kann neben mir nicht schlafen. Verstehen Sie?«

Frau Stockinger macht ein betroffenes Gesicht. Das halte ich zwar für einigermaßen geheuchelt, aber immer noch für angemessener als schallendes Gelächter. »Schwierig«, sagt Frau Stockinger, was jetzt nicht exakt die Antwort ist, auf die ich gehofft hatte. Sie überlegt eine Weile, dann verschwindet sie nach hinten und kommt mit einem Päckchen zurück, auf dem »Breathe Right« steht.

»Nasenstrips, die kennen Sie vielleicht von Fußballern, die tragen die jetzt auch. Die heben die Nasenflügel an und sorgen so für eine verbesserte Luftzufuhr. Die sollten Ihnen helfen.«

Ich bin fassungslos. Soll ich mich etwa damit nach Hause trauen? »Nun, wissen Sie, es geht doch um eine neue Freundin – und dann diese albernen Pflaster? Würden Sie das sexy finden?«, frage ich. Aber Frau Stockinger ist wohl nicht mehr in dem Alter, in dem man sich mit solchen Fragen auseinandersetzt.

Im Grunde meines Herzens bin ich ein Technokrat: Sie hat das studiert – ich nicht. Also wird sie besser wissen, wovon sie redet. Die Nasenpflaster tief in der Tasche verborgen, halte ich noch am Asia-Markt. Ein großer Koch bin ich nicht, ich kann nicht viel mehr als Spaghetti bolognese auf Grundlage einer Knorr-Fix-Tüte und Freestyle-Asia-Gerichte. Für heute Abend habe ich Hühnchen vorgesehen, das ich in einer willkürlich zusammengestellten Marinade aus Pflaumen-, Hoi-Sin-, Soja- und Sweet-Chili-Sauce zubereiten werde. Bisschen gedämpftes Gemüse und Reis dazu. Fertig.

Als Lena vor der Tür steht, läuft eine Buddha-Bar-CD, ich habe einen guten italienischen Rotwein geöffnet und Kerzen angezündet. Für einen Heiratsantrag würde mir spontan auch kein passenderes Ambiente einfallen. Nach dem Essen schiebe ich Lena die Breathe-Right-Packung rüber wie eine Tiffany-Box mit einem Verlobungsring. Sie schaut mich erstaunt an.

»Die Lösung!«, sage ich. »Ohne Scheiß – noch besser als Sinupret.«

Lena lächelt amüsiert und schwer verliebt zugleich.

Der Junge hat sich Gedanken gemacht, sagt ihr Gesichtsausdruck. Meinetwegen, sagt er. Zu meinem persönlichen Wohlergehen. »Und jetzt willst du sie auch gleich mal ausprobieren, richtig?«, sagt ihr Mund.

Wir verschwinden nach nebenan. »Klebt man die vor oder nach dem Sex auf die Nase«, fragt Lena.

»Keine Ahnung. Wahrscheinlich davor. Es geht doch um Ausdauer. Ich meine, wenn Sportler die nehmen ...«

Die Streifen sind aus weichem Plastik oder hartem Gummi, schwer zu sagen. Ich greife mit dem linken Daumen in den linken Nasenflügel, um ihn anzuheben und das Breathe Right aufzukleben. Rechts dasselbe. Besonders appetitlich sieht das sicher nicht aus. Lena ignoriert das Schauspiel jedenfalls. Es ist wohl die Magie des Hoffnungsschimmers.

Aber am nächsten Morgen liegt dort, wo ich Lena das letzte Mal gesehen hatte, die noch geöffnete Packung. Darunter ein Zettel: »Vielen Dank, Süßer. Aber: No way!«

Zwei Dinge kamen zusammen: Erstens fielen mir die Streifen irgendwann in der Nacht von der Nase und konnten so nicht mal das Schnarchen verhindern. Zweitens sind sie rein ästhetisch gewissermaßen die Anti-Utopie der Erotik. So ungefähr formulierte es Lena später.

Aber die Geschichte der wahren Liebe, rede ich mir jetzt erst einmal ein, ist ja auch eine Chronik von *trial and error*. Und wer sich von einem einzigen misslungenen Experiment entmutigen lässt, der hat es nicht besser verdient. Ich bin ein bisschen stolz auf mich und meine neue Zuversicht.

Am Nachmittag stehe ich wieder bei Frau Stockinger in der Apotheke. »Und?«, fragt sie.

»Mehr als ein Lacherfolg war es nicht. Wäre ich sonst wieder hier?«

»Schade. Aber ich hab da noch was für Sie. Warten Sie mal.« Nach einer Minute ist Frau Stockinger mit einem kleinen Fläschchen zurück. »Kleiner Schnarcher«, steht auf der Verpackung, die sie daneben auf die Theke stellt. »Lösen Sie davon 15 Tropfen in einem Wasserglas auf, und gurgeln Sie dann ausgiebig damit. Ätherische Öle, die machen die Atemwege frei und straffen das Gaumensegel.«

»Sichere Nummer?«

»Was ist schon sicher?«, sagt sie fatalistisch und knöpft mir 7,50 Euro ab. Ein kleiner Preis für ein kleines bisschen Hoffnung, denke ich.

»Süßer Name«, sagt Lena, als ich ihr die Packung zeige. »Aber was süß klingt, hilft meistens nichts. Außerdem bist du ein ziemlich ausgewachsener Schnarcher, finde ich.«

Noch bin ich in einem Stadium, in dem ich mich von Pessimismus in keiner Weise irritieren lasse. Leider verrät mir die Packungsbeilage nicht, ob ich vor oder nach dem Zähneputzen gurgeln soll. Die Apothekerin hat es mir auch nicht verraten. Bliebe noch der Arzt, aber das ist mir zu umständlich. Ich entscheide mich für danach, auch wenn ich die Risiken und Nebenwirkungen nicht einschätzen kann. Keine gute Idee.

Als ich mich zu Lena ins Bett lege, schüttelt sie sich angewidert. Sie setzt sich auf und sagt: »Du riechst aus dem Maul wie ein Koala!«

Ob das als Kompliment gemeint ist? Koalas gelten ja als knuffig und süß, denke ich. »Sehe ich auch so bedröhnt aus?«

»'tschuldigung«, sagt Lena, »aber du glaubst doch nicht wirklich, dass ich dich so küsse, oder?« Sie dreht sich auf die Seite und löscht das Licht.

Am nächsten Morgen liegt sie immer noch da. Eine

Welle der Euphorie durchfährt mich, die Endorphine tanzen Pogo. Ich rüttele Lena wach. »Hey!«, rufe ich, sie starrt mich verpennt an. »Hey, du hast geschlafen! Neben mir!«

Vielleicht liegt es an der Uhrzeit. Oder am abrupten Aufwachen? Lena kann meinen Enthusiasmus nicht so recht teilen. Stattdessen sagt sie: »Du stinkst.«

Natürlich wäre mir ein ins Ohr gehauchtes »Guten Morgen« lieber gewesen, eine Hand, die zärtlich meinen Körper erforscht. Aber »Kleiner Schnarcher«, denke ich, *you made my day*. Oder wenigstens unsere Nacht.

Im Leben eines Paares gibt es kaum was Größeres als das Bett zu teilen, so im Alltag, meine ich jetzt. Es ist der Gipfel der Vertrautheit. Gemeinsam unter einer Bettdecke zu liegen, ist ja immer auch eine Frage des größtmöglichen Kompromisses zwischen den Schlafroutinen erwachsener Menschen. Die Frage, die mich jetzt umtreibt, bewegt sich in einem ähnlichen Spannungsfeld. Was ist intimer: Sex oder eine gemeinsame Nacht? Was den »Kleinen Schnarcher« betrifft, so scheint es hier keinen wirklichen Kompromiss zu geben, sondern nur ein Entweder-oder: entweder Sex oder schlafen.

»Vielleicht sollten wir erst *mit*einander schlafen und dann *neben*einander«, sage ich, um die Stimmung ein bisschen aufzuheitern.

»Was soll das denn heißen?«

»Erst kommt der Sex, dann das Gurgeln.«

Lena ist nicht sonderlich überzeugt. »Bitte, halt die Klappe und geh arbeiten.«

Manchmal erledigen sich die Dinge dann doch wie von selbst. Am Abend findet sie meinen Vorschlag mit einem Mal gar nicht mehr so schlecht. Was hatte ich noch über

Kompromisse gesagt? Alles läuft wunderbar, bis zu jenem Moment, da ich frisch gegurgelt aus dem Bad zurückkomme. Okay, denke ich, der Kuss danach fällt dann wohl fürs Erste aus. Aber immerhin sind wir schon einen vermeintlichen Schritt weiter, was die Problemlösung betrifft. Dachte ich jedenfalls.

Mitten in der Nacht rüttelt sie mich wach. »Was ist los?« Ich schaue auf die Uhr, es ist fünf Uhr in der Früh. Lena hat sich die Bettdecke umgeschlungen.

»Du schnarchst jetzt leiser, okay, aber du schnarchst noch immer laut genug. Man hört es jetzt nur noch zwei Straßen weiter statt im ganzen Viertel. Und diesen Gestank halte ich einfach nicht mehr aus«, sagt sie. »Sorry, aber ich geh jetzt runter, das ganze Schlafzimmer riecht wie eine Dampfgrotte.« Ich bin zu müde, um mich zu wehren oder zu diskutieren. Zu müde, um sie zum Bleiben zu überreden. »Bis später«, sage ich, da höre ich auch schon die Wohnungstür ins Schloss fallen.

Zehn Minuten später klingelt mein Handy. Es ist Lena. Und sie ist aufgeregt.

»Scheiße«, sagt sie, »Scheiße!«

»Und deshalb rufst du mitten in der Nacht an?«

»Ich bin Frau Stiglmüller in die Arme gelaufen.«

Frau Stiglmüller ist unsere Hausmeisterin. Sie ist Anfang 80 und trägt ein Toupet, das ihr gelegentlich verrutscht, wenn sie zu eilig aus ihrer Wohnung gestürzt kommt. Und sie führt ein Regiment, als hätte die legendäre Else Kling aus der »Lindenstraße« einen Nebenjob als Jugendherbergsleiterin. Ich mag sie wirklich gern, vor allem seit es mir gelungen ist, ihre Strenge als quasimütterliche Fürsorge umzudeuten. Als ich einzog, hielt sie mir bei der Schlüsselübergabe einen etwa halbstündigen Einführungsvortrag, der so klang wie die noch nicht schriftlich niedergelegten Zusatzartikel zur Hausordnung. Seit ich ihr in unregelmäßigen Abständen kleinere Gefälligkeiten mit einer Packung Ferrero Rocher entlohne, überwiegt allerdings ihre Mütterlichkeit. Zumal wir gleich Tür an Tür wohnen.

Was vielleicht ein wenig gewöhnungsbedürftig ist, vor allem für alle Nachbarn, die zum Innenhof hin schlafen, das ist ihre Angewohnheit, morgens um fünf die Abfalltonnen nach draußen zu stellen, wenn die Jungs von der Müllabfuhr kommen.

»Wann hast du sie getroffen? Jetzt gerade?«

»Du hast es erfasst. Und mit nichts weiter bekleidet als einer Bettdecke. Also ich.«

»Hm.«

»Und weißt du, was sie gesagt hat? Sie hat gesagt: ›Ge', also wissen's, dass Sie mit dem Herrn ..., also, das hab ich doch schon lange bemerkt.‹«

»Umso erstaunlicher, dass uns die Nachbarn noch nicht darauf angesprochen haben.«

»Ich finde nicht, dass das jetzt eine Zeit für Witze ist«, sagt Lena. Das denke ich zwar auch, sage aber nichts. »Das war einfach nur super-peinlich, du hättest mal ihren Blick sehen sollen.«

Ich sage: »Na, überrascht kann der ja nicht gewesen sein. Und jetzt leg dich noch ein bisschen hin und schlaf. Das mache ich die nächsten zwei Stunden nämlich auch.«

kapitel 7

Die Bilanz meines B-Plans ist ein wenig ernüchternd. Die Nasenpflaster haben sich schon nach einer Nacht erledigt, der »Kleine Schnarcher« ist irgendwie auch durchgefallen. Das bedaure ich am meisten. Ich bin durchaus bereit, meinen Beitrag zu einer geruhsamen Zweisamkeit zu leisten, aber Lena scheint sich allmählich mental in ihrer Opferrolle eingerichtet zu haben. Sie weckt mich jede Nacht, sie stupst mich an, sie rollt mich zur Seite, wenn ich auf dem Rücken liege, sie schlägt auf mich ein. Ich glaube, es fehlt nicht mehr viel, dann nimmt sie einfach ein Kissen und erstickt mich. Sie ist ein kluges Mädchen. Sie wird es so aussehen lassen wie einen Unfall.

In der Zeitung habe ich eine Notiz über einen Gerichtsprozess in Italien gelesen, in dem eine Frau das Schnarchen ihres Ehemannes als Mordmotiv angab. Sie habe diesem unerträglichen Gesäge einfach mal ein Ende setzen wollen, verteidigte sie sich, was ihr zwar einiges Verständnis und Mitleid einbrachte, allerdings keine mildernden Umstände.

So weit sind wir aber noch nicht. Solange ich nicht schlafe, führen wir schließlich eine sehr harmonische Beziehung. Die meisten meiner Freunde fürchten das B-Wort mehr als die Schweinegrippe. Es weckt in ihnen Assoziationen wie Haus mit Garten in der Vorstadt und einer Hundehütte mit Golden Retriever drin. Vor allem klingt es für sie nach einem Abschied von wilden Nächten und harten Drinks. Mit Lena ist das anders. Wir sind fast jeden Abend mit einer Menge Leute unterwegs und führen im Prinzip das gleiche Leben wie zuvor.

An diesem Abend sind wir mit ein paar Freunden im »Gentlemen's« verabredet. Der Laden liegt in unserer Straße keine dreihundert Meter von unserem Haus entfernt und ist eine Institution im Münchner Nachtleben. Als ich in dieses Viertel zog, hielt ich das Etablissement zunächst für ein Bordell, weil zum einen der Name das ja irgendwie nahelegt. Zum anderen hatte ich mal eine üppig ondulierte ältere Dame mit ein paar monströs aufgedonnerten Tussen auf dem Gehweg vor dem »Gentlemen's« an einem kleinen Tisch sitzen sehen und mir meinen Teil gedacht. Falsch gedacht. In Wahrheit sieht die besagte Dame einfach nur aus wie eine Puffmutter und kann nichts dafür, und die Tussen sind eigentlich aufwendig zurechtgemachte Transvestiten, die hier als Bedienung arbeiten. Die eine sieht aus wie Uma Thurman, und ich war immer mächtig beeindruckt, bis ich sie einmal an einem Samstagmorgen im Tengelmann getroffen habe – abgeschminkt und ohne Perücke.

Das »Gentlemen's« ist ein funzelig beleuchteter Schuppen, der seine Inneneinrichtung wahrscheinlich dem Nachlass einiger kürzlich verstorbener Seniorinnen aus der Gegend verdankt. In den Sofas versinkst du bis auf den Boden, manchmal bohrt sich gar eine Springfeder in deinen Hintern. In einem großen alten Vogelkäfig aus Holz hat die Besitzerin einen Plüsch-Papagei dekoriert, und aus den Lautsprechern, die vermutlich schon in ihrer Jugend montiert wurden, dudeln Stücke von Marlene Dietrich, Zarah Leander und George Gershwin.

Es ist ein lustiger Abend, Toni isst einen Teller Gulaschsuppe, von der er behauptet, die Köchin hätte da mindestens eine halbe Flasche Wodka reingeschüttet. Dann steht Lena plötzlich auf und geht mit ihrer Freundin Anna auf die Toilette. Ich kann mir zwar idyllischere Orte vorstellen für ihr Anliegen als dieses Klostein-Ambiente, aber ich verstehe: Sie müssen reden.

Ich gehe auch aufs Klo, weil ich weiß, dass die Wände wie aus Pappe sind. Und tatsächlich kann ich jedes Wort hören, das nebenan bei den Mädchen gesprochen wird.

»Das musst du dir mal vorstellen. Dieses Schnarchen und dazu noch dieser Eukalyptus-Gestank«, höre ich Lena sagen.

»Warum tust du dir das denn überhaupt an?«, fragt Anna. »Du bist gerade mal 30 – da geht doch noch was.«

»Weil ich ihn liebe? Er ist charmant, lustig und liebevoll. Ich meine, so was hat noch kein Mann für mich getan – sich komplett zum Affen gemacht. Du hättest ihn mal sehen sollen mit diesen Nasenpflastern.«

»Natürlich hat das noch kein Mann für dich gemacht. Du warst eben noch nie mit einem Hardcore-Schnarcher zusammen. Und ich kann dir nur eins sagen. Ich hoffe, mir bleibt so was erspart.«

Lena sagt: »Früher oder später schnarchen sie alle. Ist so.«

Ich beschließe, gleich morgen früh der Apothekerin mal wieder einen Besuch abzustatten.

Inzwischen ist Frau Stockinger wie eine Ersatzmutter für mich. Sie hat silbernes Haar und eine altmodische Brille, bisschen wie die späte Marlene Dietrich, außerdem teilt sie mein Geheimnis und meine Sorgen. Ob ich denn einen Schritt weitergekommen bin? Ich erzähle ihr von dem »Kleinen Schnarcher«, der im Prinzip leider auch nur für eine Nacht funktioniert hatte. Und dann auch noch die olfaktorischen Nebenwirkungen. »Wissen Sie, das scheint schlimmer zu sein als Schweißfüße.« Sie blickt in ihren Computer, scrollt eine Seite rauf und runter und wirkt zunehmend ratlos. Ich flehe sie an wie ein Junkie: »Hören Sie, wir fahren übers Wochenende weg, geben Sie mir irgendwas. Ich brauch das!«

Nach einer gefühlten Ewigkeit kommt sie plötzlich mit einer Erfolgsmeldung. Sie hat da etwas gefunden, sagt sie, eine Art Nasenklammer, nur andersrum. Das funktioniere so ähnlich wie die Pflaster, nur dass eben die Nasenflügel nicht von außen hochgezogen werden, sondern von innen aufgedrückt. »Kommen Sie morgen wieder«, sagt Frau Stockinger, »die muss ich erst bestellen.«

Am nächsten Tag drückt sie mir ein Päckchen in die Hand, das die Aufschrift »Nozovent« trägt. Als ich vorsichtig nach einem Treuerabatt frage, quasi einem Bonusprogramm wie an der Tankstelle, verspricht mir Frau Stockinger, diesmal bekäme ich bei Nichtgefallen mein Geld zurück. Sie schwört sogar.

Freunde hatten uns zum Formel-1-Rennen nach Hockenheim eingeladen, was natürlich erst mal klasse klingt. Leider ist es aber auch irgendwie eine zwiespältige Sache, denn damit verbunden sind nun mal zwei Nächte in einem Hotelzimmer, und das bedeutet auch: *No escape*!

Irgendjemand hat mal beschlossen, dass Formel-1-Rennen der absolute Glamour-Gipfel sind. Ich glaube, das geht zurück auf die Siebzigerjahre, als Rennfahrer wirklich noch coole Hunde voller Todesverachtung waren, die nächtelang soffen und kifften und ihre Frauen schneller wechselten als ihre Reifen. Wenn man ehrlich ist, existiert heute nur noch das Klischee davon.

Das Fahrerlager ist im Prinzip eine etwas breitere Gasse zwischen ebenso mobilen wie gigantösen, nun ja: Gebäuden, die sie hier Motorhome nennen. Jenes von McLaren-Mercedes ist eine stählerne Trutzburg in Silber mit verspiegelten schwarzen Scheiben, wie man sie von Banken in Dubai kennt. Wir schlendern also diese Gasse auf und ab wie pubertierende Kids in einer Kleinstadt-Fußgängerzone.

Dieses Motorengedröhne, das viele Testosteron in der Luft, das ganze Promi-Spektakel: Lena ist leider nicht ganz so hingerissen oder beeindruckt, wie ich es mir erhofft hatte. »Ich finde Skirennen machen Sinn, die brettern den Berg runter, damit sie unten im Tal als Erster an der Bar stehen, um ein Bier zu bestellen. Aber was soll das hier? Die rasen irgendwie sinnlos im Kreis rum und kommen am Ende genau da wieder an, wo sie losgefahren sind. Das hat schon was von Hamsterrad, findest du nicht?«

Was soll ich darauf schon sagen?

Als wir kurz nach Mitternacht im Hotelzimmer ankommen, hole ich die Nozovent-Packung aus meiner Tasche und lese, während Lena sich abschminkt, den Beipackzettel: »Nozovent erweitert den Luftkanal. Durch die erleichterte Atmung verringern sich die Schwingungen der Gaumenwand, die das Schnarchen während des Tiefschlafes auslösen. Das Schnarchen nimmt ab oder verstummt gänzlich. Durch die verbesserte Nasenatmung kann der Mund beim Atmen geschlossen werden. Ein Austrocknen der Mundschleimhaut wird somit vermieden. Nozovent hat dies bereits in verschiedenen klinischen Studien bewiesen; in über

50 % aller getesteten Fälle hat sich eine deutliche Verbesserung ergeben.«

Klingt nicht schlecht, finde ich. Und vergesse darüber einen entscheidenden Gedanken. Wir hatten diese Ästhetikdebatte ja schon bei den letzten Mittelchen, aber diesmal ist Lena wirklich außer sich. Sie betrachtet dieses Ding und sagt: »Was auch immer in deinem Hirn vorgehen mag – das hier kommt ganz klar NACH dem Sex!«

Eigentlich kann ich froh sein, dass ihr Hormonspiegel nicht schon beim Anblick dieses Nasenrings – nichts anderes ist das nämlich – in den Keller gerauscht ist. Als ich später aus dem Bad komme, drücke ich ihr noch einen Gute-Nacht-Schmatzer auf die Stirn, dann versuche ich das Ding in die Nase einzusetzen. Dabei blicke ich in ein Gesicht mit erschrocken aufgerissenen Augen, als wäre gerade ein Ufo gelandet. »Weißt du, wie du aussiehst? Wie ein Zuchtbulle!«

»Na ja, wäre der Nasenring aus billigem Blech, könnte ich auch Tattooshop-Betreiber sein.«

»Was auch immer – beides kommt nicht in Frage.«

»Es ist doch nur ein Versuch. Ich meine, du kannst es nicht riechen. Und wenn ich das Licht ausmache, siehst du's nicht mal.«

»Aber ich weiß, dass dieser Ring da ist.« Sie sagt: »Ich schlaf doch nicht neben einem Typen, der einen Plastikring in der Nase trägt.«

Okay, also raus damit. Ich schlafe ein. Ich schlafe allein. Das merke ich aber erst am nächsten Morgen. Lena ist fort. Diesmal allerdings auch ihre Matratze. Ich meine, das hier ist ein Hotelzimmer, dieser gottverdammte Ort ist komplett ausgebucht. Sie kann nicht weit sein. Trotzdem bin ich in höchstem Maße irritiert und schaue im

Bad nach. Da ist sie auch nicht. Keine Ahnung, was ich auf dem Flur zu finden glaube, aber man macht ja die merkwürdigsten Dinge in solchen Situationen. Ich gehe ins Zimmer zurück, und als ich die Vorhänge aufreiße, finde ich Lena auf dem Balkon. Sie hat Matratze und Bettdecke mit nach draußen geschleppt. Es war eine heiße Nacht. Zumindest, was die Außentemperaturen angeht.

Frau Stockinger gibt mir mein Geld zurück, als wir wieder zu Hause sind. Muss allerdings einräumen, dass sie mit ihrer Weisheit jetzt am Ende ist. Ich glaube, sie ist kurz davor, mich in den Arm zu nehmen und meinen Kopf zu streicheln. »Schauen Sie doch mal ins Internet«, gibt sie mir mit auf den Weg, »vielleicht finden Sie ja eine Selbsthilfegruppe in der Nähe.«

So weit bin ich jetzt also. Auf einer Stufe mit Alkoholikern, anonymen Sexsüchtigen oder Leuten mit Erektionsstörungen. Aber der Hinweis aufs Internet ist gar nicht so übel, denn dort werden heute mit hoher Wahrscheinlichkeit eher die großen Fragen der Menschheit beantwortet als im Philosophie-Seminar.

Seit diesem »Nozovent«-Experiment hatte ich eine gewisse Neugier für schräge Anti-Schnarch-Gadgets entdeckt. Und neulich Nacht, als ich Lena mal wieder schlafen lassen wollte und um drei Uhr immer noch vor dem Fernseher saß, da hatte ich in einem dieser Homeshopping-Sender etwas gesehen, das mich wirklich umgehauen hat: ein sogenannter Akupressur-Ring. Der wird am Ringfinger getragen und soll von dort aus Bronchitis und Schnupfen vorbeugen und so auch irgendwie das Scharchen verhindern. Das hat jedenfalls eine vor Aufregung beinahe hyperventilierende Frau gesagt, die als Testimonial fungierte.

Die Fernseh-Verkäuferin erzählte etwas von einer 5000 Jahre alten Energielehre aus Korea oder so, jedenfalls irgendwas Asiatisches, sie sprach von Ying und Yang und dem Qi, das aufgrund der sanften Ring-Massage ungehindert durch den Körper fließen könne. So richtig kapiert habe ich das nicht. Im Prinzip ging es aber um Energie, und Energie ist ja nie verkehrt.

Ich wählte die Nummer der Hotline, was ich letztlich auch ein bisschen auf meinen Trunkenheitszustand zurückführe, und bestellte also diesen Ring für knapp 20 Euro plus Versandkosten. Immerhin war er aus Edelstahl. Nach einer Woche kam er endlich an, ich streifte ihn heimlich über, sobald Lena eingeschlafen war. Als ich morgens aufwachte, war der Ring zwar noch an meinem Finger, aber Lena längst wieder in ihrer eigenen Wohnung.

Was nun das Internet betrifft und sein riesiges Angebot, so will ich in Zukunft Lena lieber mit einbeziehen, die immer noch nicht so ganz über den Nasenring hinweg ist. Jedenfalls habe ich das Telefongespräch mit ihrer Freundin Anna so gedeutet, das ich gestern zufällig belauscht habe. Und gemeinsam nach Auswegen aus einer Misere zu suchen, schweißt ja auch irgendwie zusammen.

Wir sitzen vor dem Laptop und surfen über diverse Seiten von mehr oder weniger dubiosen Vertriebsfirmen für Arzneimittel. Es gibt das vielversprechende »Bayerische Löwenöl« oder die »Aromatherapie Anti-Schnarch« auf Majoran-Basis, ein Zeug namens »Asgo-Soft«, das auch unter dem Synonym »Anti-Schnarch Gold« bekannt ist und in die Nase eingerieben wird. Oder eine Mundspülung, die sich »Schnarch-Stop« nennt und laut Werbung schon tausendfach bewährt ist. Lena sitzt vor dem Computer und schüttelt den Kopf. »Da kannst du auch gleich deinen kleinen Schnarcher wieder aus dem Badschrank holen.« Sie sagt: »Ich hab schon gesehen, dass du das Zeug immer noch nicht weggeschmissen hast. Glaubst du im Ernst, dass ich mich irgendwann damit abfinden werde?«

Ein paar Produkte finde ich grandios. Und betrachte sie als Beweis für den nie enden wollenden Erfindungsgeist unterschätzter Garagen-Tüftler. Besser sie basteln an so was rum als an einer Atombombe. Es gibt einen Haufen elektronisches Equipment, das über einen Sensor die Lautstärke des Schnarchens misst und irgendwann piept oder so, wenn ich das richtig verstanden habe. Wobei ich mich allerdings frage, was Lena davon haben sollte: Sie hört mein Schnarchen sowieso. Und falls nicht, wird sie dann spätestens von diesem Wecker hochgejagt.

Die etwas intelligenteren Geräte geben kleine Stromstöße an den Schnarcher ab. Oder Elektro-Impulse, wie es euphemistisch heißt. Die sollen dich dazu bringen, die Schlafposition zu ändern. Mein Lieblingsgerät heißt »AntiSnore-Halsband«, in der Anleitung heißt es: »Die vom Rachen erzeugten Schwingungen werden im Antischnarchkragen durch ein empfindliches Mikrofon aufgefangen und als Schnarchgeräusch identifiziert. Nebengeräusche aus dem Raum werden maximal unterdrückt. Das empfangene Schnarchgeräusch bewirkt durch die Funktion des Steuergerätes die Auslösung einer mechanischen Schwingung (Vibration) im Antischnarchkragen in der Nähe des Glossopharyngeus-Nervs. Da diese Nervenenden auf kurzem Wege mit dem Gehirn verbunden sind, erfolgt eine direkte Reizleitung. Die dadurch nur geringfügige Stimulation dieser Nervenenden bewirkt einerseits das Abbrechen des Schnarchens, so als ob der

Patient von seinem Partner leicht angestoßen wird, andererseits ist die Stimulation aber so gering, dass der Patient nicht aufgeweckt wird.«

Neben der Frage, wer bitte so etwas erfindet und wer um alles in der Welt solche Texte schreibt, begeistert mich vor allem das bunte Design in fröhlichen Regenbogenfarben.

Ich könnte noch stundenlang weitergoogeln. Gerade lese ich über das »Anti-Schnarchband«, das man per Klettverschluss um den Kopf bindet und am Kinn befestigt, um den Mund beim Schlafen geschlossen zu halten. Ich hab schon mal davon gehört, allerdings ging es damals um hyperaggressive Polizeihunde. Trotzdem finde ich es in seiner archaischen Schlichtheit ziemlich inspirierend. Genauso wie die Halskrause, die den Kopf stabilisieren soll, aber eher an die Therapie für Schleudertrauma-Patienten erinnert.

»Weißt du, was mich am meisten beeindruckt?«, frage ich rhetorisch, denn natürlich weiß sie es nicht. »An diesem ganzen Zeug erkennst du doch vor allem, dass wir mit unserem Problem wirklich nicht allein sind.«

»Wieso?«

»Na, ich meine, wie groß muss die Verzweiflung denn sein, wenn sie eine so ungeheure Kreativität in den Menschen freisetzt? Guck dir das doch mal an: Auf so einen grandiosen Irrsinn kommst du doch nur, wenn du fix und fertig bist mit den Nerven.«

»Ich würde eher sagen, so was entwickelst und verkaufst du, wenn du ein geldgeiler Schmock bist.«

Wahrscheinlich hat sie recht. Die ganze Anti-Schnarch-Industrie ist einfach nur ein riesiger Markt, auf dem es offenbar eine Menge Geld zu verdienen gibt mit einem Haufen Kram, der nichts weiter erreichen will, als einen

Hoffnungsschimmer zu erzeugen. Der muss nur groß und preiswert genug sein, dass man die paar Kröten auch noch ausgibt, um es wenigstens zu probieren. Sicher ist rund ums Schnarchen längst ein parasitäres Dienstleistungsgewerbe entstanden, das verzweifelten und verliebten Vollidioten wie mir die Kohle aus der Tasche ziehen will. Meine Frau Stockinger würde bei so was jedenfalls nicht mitmachen. Die nicht.

kapitel 8

Ich starre seit einer Stunde auf einen goldenen Elefanten, und aus den Lautsprechern klingt so eine quengelige Musik, die bestimmt super ist, wenn man auf Goa am Strand liegt und ein paar bunte Pillen geschluckt hat. Jetzt macht sie mich irre. Immerhin sieht Lena sehr glücklich aus.

Sie hat einen Tisch beim Inder reserviert; es ist einer ihrer Lieblingsläden in unserem Viertel, und ich mag ihn eigentlich auch, jedenfalls wenn es mir gelingt, die Beschallung auszublenden. Die Bedienung hier ist immer höflich und aufmerksam und serviert das schärfste Chicken Vindaloo von ganz München. Ich betrachte die Inneneinrichtung und frage mich, ob man die als Komplettlösung wohl so im Katalog bestellen kann. Ganz sicher gibt es da Firmen für solche Modulsysteme: Bei denen rufst du an und bestellst einmal Irish Pub »O'Reilly's« oder Thai-Kitchen »Lotusblüte« oder eben indisches Restaurant »Rajasthan«. Und eine Woche später kannst du die bunten Luftballons für die Eröffnungsfeier raushängen.

Das Essen treibt mir wie immer Schweißperlen auf die Stirn, und Lena erzählt von ihrem neuen Job bei diesem ziemlich abgefahrenen kleinen Klatsch-und-Tratsch-Magazin, bei dem sie vor drei Monaten als Redakteurin angefangen hat. Seitdem ist sie so ziemlich jeden Abend zu einer Gala unterwegs und treibt sich auf Partys rum, die irgendwelche PR-Agenturen geben, um die Einführung eines neuen Mineralwassers zu feiern. Oder sie wohnt einer Boutiqueneröffnung bei, zu der lauter Prominente eingeladen sind, die man eher nicht so kennt. Lena liebt diesen Job.

Plötzlich wird sie ein bisschen ernst. »Weißt du, was mein Chef mich heute gefragt hat? Ob mir der Job irgendwie zu anstrengend ist.«

»Wie kommt er denn darauf?«, empöre ich mich, froh, dass es nicht um mich geht.

»Er meint, ich würde so übernächtigt aussehen.«

Mist, von wegen es geht nicht um mich.

»Ich finde, du siehst umwerfend aus. Man sieht dir vielleicht ein bisschen an, dass du, na ja, auch am Leben teilnimmst. Na und? Das ist doch großartig. Was will er denn? Eine wandelnde Schaufensterpuppe?«

»Weißt du eigentlich, wann ich das letzte Mal eine Nacht durchgeschlafen habe, seit ich dich kenne?«

Ich muss nachdenken. In den letzten drei Wochen kann es eigentlich nicht gewesen sein. Wir haben es zwar immer wieder probiert, nebeneinander zu schlafen, aber so richtig hat das nie hingehauen, wenn man mal ganz ehrlich ist. Inzwischen ist Lena allerdings zu faul, in ihre Wohnung runterzugehen, und legt sich stattdessen auf mein Wohnzimmersofa. Da läuft sie wenigstens nicht unserer Hausmeisterin in die Arme. Dafür braucht sie aber auch zusätzlich Ohrstöpsel, wegen der geringen Entfernung zum Störsender, mit dem sie liiert ist. Noch.

Gleichzeitig bin ich überzeugt, dass es sich bei ihr mit meinem Schnarchen so verhält wie mit einem tropfenden Wasserhahn. Jeder kennt das Phänomen: Du hast einmal das Plitsch gehört und weißt, dass es tröpfelt.

Und selbst, wenn nur alle Viertelstunde ein kleiner Tropfen ins Waschbecken fällt, liegst du wach und wartest so lange, bis es wieder passiert. Platsch. Genau so lauert sie auf mein Schnarchen. Ich glaube, es ist ein gutes Beispiel für die sogenannte *self-destroying prophecy*.

Lenas Frage steht immer noch im Raum. Und ich bin dumm genug, es mit Ehrlichkeit zu versuchen: »Weißt du, ich will dir ja nicht zu nahe treten, aber könnte es vielleicht sein, dass du – wie soll ich sagen? – ein bisschen übertreibst?«

Lena hat Fragezeichen in den Augen. Okay, ich sollte vielleicht Klartext reden.

»Also, ich glaube, das Problem ist in Wahrheit nicht meine Nase – es sind deine Ohren. Vielleicht sollten wir die Therapie zur Abwechslung jetzt mal bei dir ansetzen?«

Sie wirft mir einen Blick zu, dass ich mich frage, ob man die Tomatenflecken von Lenas Butter Chicken wohl wieder aus meinem weißen Hemd rauskriegen wird. Die Adern an ihrem Hals schwellen langsam an. Sie ist so wütend, dass sie kein Wort rausbringt. Ich muss gestehen, Letzteres habe ich bei ihr noch nicht erlebt.

Im nächsten Augenblick steht sie auf, zieht ihre Jacke an und geht. Wortlos. Das sind die peinlichsten Szenen, die eine Frau dir machen kann. Die Kellnerin sieht diskret darüber hinweg, und ich renne hinterher.

»Hey, warte doch mal. Was soll denn der Scheiß?«

»Pass mal auf. Ich habe deinetwegen auf einem Balkon geschlafen, in einer Eukalyptus-Hölle, und seit Wochen penne ich auf deinem Sofa! Und dann sagst du mir, dass *ich* ein Problem habe?!«

»Ich mein ja nur, dass es ein neuer Ansatz wäre …«

»Vergiss deinen Ansatz. Du hast doch einen Knall!

Melde dich, wenn du dein Hirn wieder eingeschaltet hast.«

Wir stehen ein paar Meter vor dem Lokal unter einer Straßenlaterne. Nicht unbedingt der ideale Ort, um einen grundsätzlichen Konflikt zu lösen. Aber ein guter Zeitpunkt, die weiße Fahne zu hissen. Außerdem habe ich drinnen noch eine Rechnung zu begleichen. Während ich mein Geld aus der Hosentasche krame, erzähle ich der Kellnerin, dass meiner Freundin schlecht geworden ist. Und dass es ganz bestimmt nicht am Essen gelegen hat. Ehrenwort. Sie lächelt mich mitleidig an.

Man kann nicht behaupten, ich hätte gut geschlafen. Es war unser erster heftiger Streit in vier Monaten Beziehung. Und um ehrlich zu sein, habe ich keine Ahnung, wie ich mich bei Lena entschuldigen soll. Während ich einigermaßen deprimiert zur Arbeit gehe, fühle ich mich wie auf Autopilot geschaltet und stehe im nächsten Moment auch prompt in der Apotheke bei Frau Stockinger.

Die naheliegenden Dinge haben wir ja schon längst durchprobiert, Frau Stockinger war da sehr hilfreich und bemüht. Ich bin mir sicher, Lena könnte inzwischen bei »Wetten, dass ...« auftreten und sämtliche Ohropax-Fabrikate blind an ihrer Form und Konsistenz erkennen. Natürlich würde sie auch die unverbindliche Preisempfehlung kennen.

Das Bittere ist: Kein einziges hat bisher geholfen. Dabei habe ich ihr mal solche Spezial-Dinger von der Formel 1 mitgebracht, anatomisch geformt und aus Silikon und mit allem Schnickschnack. Die kannte ich, seit ich mal als Journalist bei einem Rennen war. Da wohnte man in der Nähe der Strecke und fiel morgens zuverlässig aus dem Bett, wenn die Piloten in ihren Boliden ihre ersten Runden drehten. Einen solchen Lärmfaktor kann man meiner Nase beim schlechtesten Willen nicht nachsagen. Ganz ehrlich: Ich finde, Lena stellt sich ein bisschen an. Aber ihr gegenüber erwähne ich das besser nicht mehr.

Vielleicht wär's am besten, wenn wir einen Tierarzt im Zoo aufsuchen. Soll der uns doch was geben, womit sie die Elefanten betäuben. Wahrscheinlich ist es das Einzige, was hilft, bei so einem notorisch hibbeligen Menschen wie dieser Frau.

»Oje, Sie schon wieder?«, sagt Frau Stockinger.

Bei meinem letzten Besuch vor knapp einem Monat klang sie noch wie eine gute Fee. Kann sein, dass ich ihr allmählich auf die Nerven gehe.

»Haben Sie mich schon vermisst?«

Sie hebt die Augenbrauen. Und noch bevor sie etwas sagen kann, werde ich geschäftlich. »Diesmal geht es nicht um mich«, sage ich. »Stellen Sie sich meine Freundin als den nervösesten Menschen des Planeten vor. Wie ein hyperaktives Kind, nur Anfang dreißig. Ist doch kein Wunder, dass so eine nicht zur Ruhe kommt, oder?«

»Sie brauchen etwas zum Einschlafen?«

»Durchschlafen wäre noch besser.«

»Baldrian-Tropfen«, sagt Frau Stockinger, »die beruhigen und entspannen.«

Jetzt sind wir also endgültig im ZDF-Vorabendprogramm angekommen. Hoffentlich dreht sie mir nicht noch eine Rheumadecke an. »Haben Sie nichts Härteres, irgendwas, das meine Freundin richtig umhaut?« Komplett ausknockt für, sagen wir, wenigstens acht Stunden?

Frau Stockinger lacht und sieht mich missbilligend über den Rand ihrer neuen Brille an. »Sie sind ja ein echter Gentleman. Wollen Sie nicht erst mal homöopathisch anfangen? Wir können die Behandlung dann immer noch verschärfen.«

»Okay, Sie kennen sich aus. Dann also Baldrian. Können Sie mir das als Geschenk einpacken?«

Mein schlechtes Gewissen und ich stehen vor Lenas Wohnungstür. Sie öffnet, und ich grinse grenzdebil. Nonverbale Hilflosigkeit ist manchmal das effektivere Signal. Und im Moment die einzige Entschuldigung, die ich habe. »Komm rein«, sagt sie.

Mir geht es schlagartig besser. Gestern haben wir uns so gefetzt, dass ich für einen Augenblick um mein Augenlicht gebangt habe, und heute strahlt sie mich wieder an. Nachtragend ist sie also offenbar nicht. Zeit für einen Neustart. Allemal besser als herunterfahren und aus die Kiste.

Sie zeigt auf das kleine Päckchen in meiner Hand. »Für mich?«

»Eine Art Versöhnungsgeschenk. War nicht so gemeint, was ich gestern gesagt habe.« Natürlich war es das.

Exakt in der Mitte der Schleife klebt ein Aufkleber der Gärtnerplatz-Apotheke. Das ist ungefähr genauso überraschend wie Geschenke mit einem Douglas-Sticker drauf – *hab dir was mitgebracht, errätst du nie, was da drin ist.*

Sie packt die Baldrian-Packung aus, stellt sie auf dem Wohnzimmertisch ab und sagt erst einmal kein Wort. Ich denke: Zumindest versucht sie nicht, mir den Hals umzudrehen, sie brüllt mich nicht an und schmeißt mich nicht raus. Immerhin. Lena verschwindet ins Bad und kommt mit einem Fläschchen zurück. Baldrian.

Sie sagt: »Zwei Doofe, ein Gedanke. Ich dachte, kann ja nicht schaden, ruhiger zu werden.«

Als es Zeit wird fürs Schlafen, schüttet sich Lena zur

Sicherheit eine doppelte Dosis rein; sie gibt die Tropfen in ein Schnapsgläschen statt auf einen Esslöffel. »Prost«, sagt sie und hält das Glas feierlich in die Höhe. Ich schlafe so beruhigt und entspannt ein, als hätten wir ein Baldrian-Wettsaufen veranstaltet.

Und Lena? Am nächsten Morgen krabbelt sie zu mir ins Bett, die Nacht hat sie in ihrem Wohnzimmer verbracht, dessen Sofa übrigens noch ungemütlicher ist als meines. »Da hätte ich genauso gut heiße Milch mit Honig trinken können«, meckert Lena schon beim Frühstück ironisch.

»Vielleicht solltest du heute Abend die ganze Pulle trinken.«

Stattdessen versucht sie es mit Baldrian-Tee, weil der angeblich schneller wirkt. Tipp von Frau Stockinger, die sie nun auch als direkte Kundin beehrt. Als ich abends im Bett gerade ein bisschen an ihr rumfummle, springt Lena auf und muss zur Toilette. Wie auch die nächsten beiden Male in der folgenden halben Stunde. Langsam geht mir das auf die Nerven. »Wenn dieser verdammte Tee so harntreibend wirkt, hättest du vielleicht noch eine Packung Granufink dazu nehmen sollen.« Ich habe neulich im Fernsehen so eine surreale Werbung gesehen und mir den Namen gemerkt, keine Ahnung wieso. Lena sagt lieber gar nichts. Ich denke: Mag ja sein, dass dieser Tee beruhigend wirkt – aber was hat man denn bitte davon, wenn man dauernd auf der Toilette hockt?

Wie dem auch sei: Es führt kein Weg nach Schlummerland. Jedenfalls nicht für Lena.

Wir sitzen in Tonis Agentur, er sortiert ein paar Bilder und Layouts und redet seit einer gefühlten Stunde über seinen New-York-Ausflug, zu dem er übermorgen aufbricht. Toni hat dort nach seiner Ausbildung eine Weile gearbeitet, und nach allem, was er mir aus dieser Zeit erzählt hat, wundere ich mich, dass die *Homeland Security* ihn überhaupt noch einreisen lässt.

Tonis Büro ist eines der wenigen Lofts in der Münchner Innenstadt. Unter der Decke hängen Lautsprecher, die den Raum mit »Unfinished Sympathie« von »Massive Attack« beschallen. Habe ich ewig nicht mehr gehört. Ich mache es mir auf seinem Sofa gemütlich, von dem er hartnäckig behauptet, dass er es nicht als Casting-Couch missbraucht. Dabei lassen Toni und sein externer Artdirector in unschöner Regelmäßigkeit irgendwelche arglosen Models auflaufen, die sie angeblich für eine Kampagne buchen wollen. In Wahrheit verabreden sie sich dann mit den Mädels für den Abend beim Italiener, und später geht's zurück in die Agentur. Nur, dass seine Polaroid-Kamera dann doch nicht mehr zum Einsatz gelangt.

Wie er so von seinen Urlaubsplänen erzählt, kommt mir eine Idee. Ich glaube ja trotz all der ernüchternden Apotheken-Erfahrungen immer noch unerschütterlich an die Kraft der Chemie. Warum ist die Pharma-Industrie eine der einflussreichsten Lobbygruppen in diesem Land, wenn die nichts draufhaben? Vor ein paar Jahren hatte ich eine längere Affäre mit einer Lufthansa-Stewardess, sie flog ein paar Mal im Monat Langstrecke, und gegen ihren Jetlag warf sie sich regelmäßig Melatonin-Tabletten ein. Melatonin ist ein körpereigenes Hormon, das den Tag-Nacht-Rhythmus des Körpers steuert, indem es ziemlich komplizierte biochemische Prozesse in Gang setzt, die ich nie wirklich begriffen habe. Hat irgendwas mit Zirbeldrüse und Serotonin zu tun, wenn ich mich recht erinnere. Vereinfacht gesagt: Du schluckst eine Pille, und kurz darauf sagt dir dein Gehirn, dass es finster wird. In Amerika gibt es das Zeug rezeptfrei in jeder Drogerie.

»Kannst du mir eine Familienpackung mitbringen? Hier ist das Zeug verschreibungspflichtig, wird aber so gut wie nie verschrieben. Dabei soll es das absolute Wundermittel gegen Schlafstörungen sein«, sage ich.

»Ich dachte, das Problem ist genau umgekehrt. Dass du zu schnell einschläfst. Und vor allem zu laut.«

»Die sind ja auch nicht für mich, du Volldepp, sondern für Lena. Ich muss die irgendwie ruhigstellen. Und der ganze rezeptfreie Käse aus deutschen Apotheken bringt's einfach nicht.«

»Habt ihr es denn schon mit Gras probiert?«, sagt Toni.

»Gras?«

»Marihuana. Pot. Dope. Klingelt da was?«

Keine blöde Idee eigentlich. Zwar bin ich aus dem Alter allmählich raus, aber wenn mir davon nicht schlecht geworden ist, bin ich regelmäßig nach kurzer Zeit weggepennt und am nächsten Morgen mit Schuhen und Klamotten neben einem stinkenden Aschenbecher aufgewacht.

»Kiffen für den häuslichen Frieden«, sage ich, »bin mal gespannt, wie Lena das findet.«

Toni geht die Freitreppe in seinem Büro hoch, es poltert und scheppert, und wenn ich die Geräusche von da oben richtig deute, droht er, in seinem Schreibtisch-Chaos verschüttet zu werden wie ein Lawinenopfer. Fünf Minuten später steht er mit einem kleinen Tütchen vor mir, vertrocknetes Kraut darin. »Wusste ich's doch. Ist nicht mehr viel und auch nicht besonders frisch, Partyrest, aber zu Testzwecken sollte es allemal reichen.«

Bevor ich gehe, erinnere ich Toni noch mal daran, auf keinen Fall die Melatonin-Tabletten zu vergessen. Zum Abschied halte ich das Gras-Tütchen hoch und sage: »Danke, Alter. Und viel Spaß im Urlaub.«

Als Lena heimkommt, experimentiere ich gerade in der Küche mit gebratenen Nudeln und einer Sauce, die mir der nette kleine Mann im Asia-Laden schier aufgedrängt hatte. Er sagte ziemlich wortwörtlich, dass damit nicht mal ich was falsch machen könnte. Vorher war ich noch schnell bei Herrn Abdelnour, dessen Kiosk gleich ums Eck liegt, und habe Zigarettenblättchen gekauft. Zu Hause zerpflückte ich sorgsam meine roten Gauloises, streute den Tabak auf die Blättchen, das getrockenete Toni-Kraut dazu und rollte das alles etwas unbeholfen zusammen. Vielleicht ein bisschen aus der Übung.

Der Joint sieht in der Tat aus wie eine verschrumpelte kleine Tüte, ich habe ihn im kleinen Durchreichefenster zwischen Küche und Wohnzimmer liegen lassen. »Drehst du jetzt selbst?«, fragt Lena, nachdem sie sich an den Tisch gesetzt hat.

»Quatsch, das ist das Dessert. Quasi ein Gute-Nacht-Snack.«

Lena hat ordentlich Appetit, und ich denke, dass ich den Asia-Mann vielleicht zu meinem Ernährungsberater ernennen sollte. Ich kippe Lena ordentlich Rotwein nach und schiebe eine Paul-van-Dyk-CD in die Stereoanlage.

Wir sitzen auf dem Sofa, es geht auf Mitternacht zu, als mir mein Dessert wieder einfällt.

»Also, hier die Überraschung. Ich garantiere dir, du wirst schlafen wie ein Baby.«

Lena zieht die Augenbrauen hoch. »Ich hab seit dem Abi nicht mehr gekifft.«

»Dann wird's aber Zeit.«

Ich zünde den Joint an und nehme den ersten Zug. Es schmeckt fürchterlich – weiß der Teufel, in welchem Jahr Tonis dazugehörige Party stattfand.

Lena zieht über ihre Fingernägel an der Zigarette, dann bekommt sie einen heftigen Hustenanfall. »Ach du Scheiße«, röchelt sie.

»Muss man sich halt erst wieder dran gewöhnen«, sage ich, und mit jedem Zug wird mir ein wenig schummeriger. Lena ist inzwischen weißer im Gesicht als Schneewittchen. Ihr bekommt das Kraut anscheinend noch weniger als mir. Ich drücke den Joint im Aschenbecher aus und versuche den Rücken durchzudrücken. Aber meine Beine sind schlabberig wie ein Ballon, dem die Luft entwichen ist. »Sag mal, wollen wir ins Bett gehen?«

Lena kichert wie ein Schulmädchen im Aufklärungsunterricht. Eine lachende Leiche, denke ich, taumele ins Schlafzimmer und lasse mich auf die Matratze fallen. Das Gras hat mich komplett aus den Schuhen gehoben. Es kann keine Minute gedauert haben, bis ich eingeschlafen bin.

Die fiesen Geräusche aus dem Bad, wo Lena sich in mehr als einem mächtigen Schwall übergibt, höre ich genauso wenig wie das Schlagen der Tür, als sie geht.

Es ist nie ein gutes Zeichen, wenn die beste Freundin deiner Freundin dringend mit dir reden will. Ich sitze gerade vor dem Fernseher und schaue mir eine Fußballübertragung an, die gute »Regina« von meinem verrückten Pizzabäcker auf dem Tisch und eine sehr kalte Pulle »Augustiner Edelstoff« daneben, als das Telefon klingelt.

»Hier ist Anna. Ich muss mal mit dir reden. Kannst du in einer halben Stunde im Quarto sein?«

Natürlich könnte ich das, würde aber die zweite Halbzeit von Bayern gegen Juventus Turin verpassen. An so einem Abend sitzen im »Quarto« nur einsame Single-Frauen, die weder den Sportteil noch die Fernsehzeitung lesen, dazu ein paar Männerpärchen.

»Ich esse gerade. Außerdem läuft Fußball.«

Anna lässt sich nicht abwimmeln. »Okay, wenn du aufgegessen hast, komm bitte rüber. Es ist wichtig.«

Einen kurzen Moment überlege ich noch, ob ich sie darüber aufklären soll, dass es einstweilen ganz sicher nichts Wichtigeres gibt als das Schicksal des FC Bayern in der Champions League, heraus kommt allerdings: »Gib mir zwanzig Minuten.« Wer weiß, ob ich Anna noch mal als Verbündete brauche.

Sie macht ein wirklich wichtiges Gesicht, als ich den Laden betrete. Vor allem hat sie sich in das kleine Hinterzimmer gesetzt, wo nur zwei Tische stehen. Auf den anderen hat sie ihre Handtasche gelegt, ihre Jacke hängt über einer Stuhllehne. Dass auch bloß niemand auf die Idee kommt, sich zu uns zu setzen. Ich denke: Oha, Séparée. Entweder es ist brutal wichtig oder monsterpeinlich.

Anna finde ich ein bisschen schwierig. Auf Männer ist sie nicht mehr besonders gut zu sprechen – wohl auch, weil sie bei ihren Paarungsversuchen regelmäßig ins Klo greift. Einerseits ist sie eine hübsche Frau, groß, lange dunkle Haare und braune Augen; wie sich Männer eine Argentinierin aus besserer Familie vorstellen. Sie ist Teamleiterin in einer PR-Agentur, was ja ein irgendwie offenes Wesen voraussetzt, aber eine Karriere als Stand-up-Comedian wird sie vorerst wohl nicht machen. Vielleicht hat sie sich deshalb neulich bei »Parship« angemeldet. Jedenfalls findet ihr Liebesleben seither hauptsächlich im Internet statt.

Sie macht sich Sorgen um Lena. Letzte Nacht haben weder Lena noch Anna geschlafen. Lena nicht, weil ich geschnarcht habe. Anna nicht, weil Lena sie angerufen hat, um sich mal so richtig auszukotzen. Diesmal verbal. Es muss gegen zwei Uhr gewesen sein und etwas über eine Stunde gedauert haben. Das war, nachdem Lena die Kloschüssel aus ihrer Umklammerung freigegeben hatte.

»Tut mir leid«, sage ich, »aber ich hab doch wirklich alles versucht, ein Vermögen in die Apotheke geschleppt und so. Alles.«

»Hast du dir deine Freundin mal richtig angesehen in letzter Zeit? Schau ihr doch mal ins Gesicht! Sie hat seit Monaten nicht mehr richtig geschlafen. Du stiehlst ihr jede Nacht stundenlang den Schlaf. Was glaubst du eigentlich, weshalb sie in letzter Zeit dauernd so schlecht gelaunt ist?«

Klar sind mir Lenas Augenringe auch schon aufgefallen, genauso wie ihrem Chef. Exakt deshalb habe ich ihr mal eine sogenannte Turnaround-Creme aus dem Dutyfree-Shop mitgebracht, von der die Kosmetikerin behauptete, man könne drei Tage lang ununterbrochen Party machen und würde immer noch so frisch aussehen wie ein Teenager.

»Ich kann's doch nicht ändern. Glaubst du, ich hab mir diese Nase selber ausgesucht?«

»Du musst ihr aber auch nicht einreden, sie wäre paranoid. Falls es dich interessiert – sie fand das ziemlich daneben, dass du ihr auch noch unterstellst, sie würde übertreiben.«

»Das haben wir doch längst geklärt«, verteidige ich mich.

»Das denkst du. Und der Gipfel ist ja wohl, dass du

sie erst betrunken machst und dann auch noch mit Drogen vergiftest. Spinnst du eigentlich?«

»Also, ich …«

»Junge, ich sag dir eins: Ihr müsst euch echt was einfallen lassen, wäre echt schade. Ihr könntet so ein tolles Paar sein.«

Während ich darüber nachdenke, ihr von den Schlaftabletten zu erzählen, die mir ein befreundeter Arzt unter dem Siegel der Verschwiegenheit zugesteckt hat, setzt Anna zu neuen Tiraden an, die in dem Vorwurf gipfeln, ich würde ihre beste Freundin zu einem Alki und Junkie machen.

Ich bin jedenfalls restlos bedient, als ich den Heimweg antrete, aber leider nicht schlauer. Immerhin hat Bayern in der verplemperten Zeit 2 : 1 gewonnen – und ich habe alle drei Tore verpasst.

kapitel 9

Frau Stiglmüller ist heute spät dran. Kurz vor neun, und sie hat den Innenhof immer noch nicht komplett gefegt. Ob mit ihr alles in Ordnung ist? Über ihrer Steppjacke trägt sie ihre Hausmeisterinnen-Schürze, ein Kopftuch hält ihr Haarstück am rechten Platz. Und die welken Blätter vom wilden Wein, der unsere Hausfassade hinaufklettert, hat sie zu einem kleinformatigen Berg aufgeschichtet, der an einen Termitenhügel erinnert.

Gerade als ich mein Fahrrad holen will, winkt sie mich zu sich heran. Ich zucke kurz zusammen. Es ist wie mit Polizeikontrollen: Du hast automatisch ein schlechtes Gewissen. Ob Marianella vergessen hat, meinen Treppenabsatz zu putzen? Ich den Bioabfall versehentlich in der Restmüll-Tonne entsorgt habe? Nein, dafür ist Frau Stiglmüllers Gesichtsausdruck zu gütig. Sie lächelt wie ein Pfarrer, der nach der gut besuchten Messe seine Gemeinde in den Sonntag entlässt.

»Wussten Sie schon, dass in der ersten Etage eine Wohnung frei wird?« Sie sagt das in einem ganz leisen, schier verschwörerischen Ton.

»Die Grützmachers ziehen aus«, flüstert Frau Stiglmüller jetzt schon fast.

»Ach ja?«

»Ja. Wäre das nicht was für Sie? Ich meine, das ist doch vor allem für Ihre Freundin viel praktischer, als nachts immer mit der Bettdecke durchs Treppenhaus zu laufen. Und Sie sparen Geld.«

Ob ich ihr verraten soll, dass es einen verdammt guten Grund gibt für unsere nächtlichen Aktivitäten? Lieber nicht, dann könnte ich auch gleich eine Postwurfsendung an die Nachbarn verteilen.

Frau Stiglmüller ist ganz offensichtlich überzeugt von ihrer Idee: »Sie würden sich vom Stockwerk her genau in der Mitte treffen.« Ich frage mich kurz, ob sie mich womöglich als Türnachbarn loswerden will. Andererseits gefällt mir der Gedanke, mit Lena zusammenzuziehen. Immerhin ist unsere Beziehung allmählich an einem Punkt angelangt, da wir zwar weniger Sex haben, uns aber mit »Schatz« ansprechen. Frau Stiglmüller verspricht, ein gutes Wort bei unserem Vermieter einzulegen.

Als Lena mich zum Mittagessen abholt und wir in der Suppenküche unseren Wildeintopf löffeln, wirkt sie von der gemeinsamen Wohnung einige Sekunden lang ähnlich begeistert wie Frau Stiglmüller. Zusammenziehen, das klingt ja auch immer nach Verlobungsring und großen Plänen für die Zukunft. Ihr fällt dann aber doch die Nacht über der Kloschüssel wieder ein. Und der Versuch mit den über Toni importierten Melatonin-Tabletten, der ebenfalls komplett nach hinten losgegangen ist. Lena behauptet noch immer steif und fest, die Pillen hätten bei ihr die exakt gegensätzliche Wirkung gehabt. Sie war so aufgedreht, als hätte sie eine Euro-Palette Red Bull geleert.

»Wie soll das gehen? Gemeinsame Wohnung heißt doch wohl auch gemeinsames Schlafzimmer«, rückt sie mit ihrem Zentralkonflikt heraus.

»Wir hätten drei Zimmer. Wohnzimmer, Schlafzimmer, und das dritte könnten wir dann einrichten wie ein

Büro, als Alibi halt. Da kommt das Klappsofa rein. Zwei Schlafzimmer in einer Wohnung, aber Schein gewahrt und Zufluchtsort erhalten. Ich finde das gar nicht schlecht.«

»Solange du im Bad kein Spray rumstehen lässt, auf dem riesengroß ›snore relief‹ steht, sollte das klappen mit dem Schein. Und wie hast du dir das mit den Möbeln vorgestellt?«

Hmm. Das wird wahrscheinlich härter als die Friedensverhandlungen von Dayton. Lenas Wohnung ist mit einem, sagen wir: ungewöhnlichen Mix aus Flohmarkt-Möbeln und Ikea-Trash zugestellt, und die Möbel mit einem Haufen Staubfänger, die sie als Dekoration bezeichnet. Irgendwelche Souvenirs, an deren Hintergrund sie sich zum Teil selbst nicht mehr erinnern kann. Meine Wohnung dagegen diffamiert sie ihrerseits als möblierten Kühlschrank.

Je länger wir darüber nachdenken, umso plausibler klingt das Zusammenziehen. Wir würden Miete sparen und statt zweier überteuerter Wohnungen nur noch eine teure zahlen müssen. Die Gelegenheit ist günstig: keine nervige Sucherei in Zeitung und Internet, vor allem kein Makler. Wohnungssuche in München ist die zeitgenössische Antwort auf den Mythos von Sisyphos. Man steht beim Sammeltermin an Position 53 einer 97-köpfigen Schlange, die sich durchs Altbau-Treppenhaus frisst, und bei der Entscheidung, wer denn nun den Zuschlag bekommt, nehmen sie bestimmt einen Roulette-Tisch zu Hilfe. Und für die anderen 96 geht das Spiel von vorne los.

Vor ein paar Jahren hatte ich in der Zeitung von einem Makler gelesen, der Interessenten bat, ein kleines Stück auf einem Instrument vorzuspielen. Seine Begründung:

Es handelt sich um eine sehr musikalische Hausgemeinschaft.

Unser Umzug würde ziemlich bequem laufen, selbst für einen völlig desorganisierten Typen wie mich – meine Möbel die Treppe runter, Lenas die Treppe rauf. Und das alles, ohne einen Lieferwagen mieten zu müssen. Paar Kumpels zum Schleppen anrufen, Kasten Bier hinstellen und später Pizza ordern. Fertig. Und von Tonis Gras ist auch noch was übrig – nur falls jemand das Verlangen hat.

Herr Fuchs, unser Vermieter, hebt kurz die Augenbrauen. »Müssen Sie wissen«, sagt er nur, wirft dabei aber einen deutlich mehr sagenden Blick in Richtung Lena.

Während wir durch die Wohnung der Grützmachers defilieren, nehme ich Lena beiseite: »Wenn wir hier das Klappsofa hinstellen und – komm mal mit – hier im Schlafzimmer das Bett, dann liegen fast zehn Meter dazwischen. Von der Lärmbelästigung her sollte das doch gehen, oder?« Lena grinst, und Herr Fuchs sagt: »So, jetzt überlegt es euch ein paar Tage, und dann meldet ihr euch einfach, ob ihr sie haben wollt.«

Lenas anfängliche Minimal-Skepsis ist inzwischen von einer Euphorie verdrängt worden, wie ich sie zuletzt erlebt habe, als Deutschland Fußball-Europameister geworden ist. Und jetzt haben uns auch noch ihre Eltern zu sich nach Hause eingeladen. Keine Ahnung, ob sie endlich mal diesen Typen kennenlernen wollen, der ihre Tochter dazu bringt, sich diesen ganzen nächtlichen Irrsinn anzutun. Oder ob es sich doch eher um den üblichen Antrittsbesuch handelt, bevor ihre Erstgeborene eine Wohn- und Lebensgemeinschaft eingeht.

Wir sitzen im Auto und fahren nach Münster. Ich war

erst ein Mal in meinem Leben in Münster, das war bei einem Klassenausflug. Wir fuhren damals mit dem Zug dorthin, und nachdem wir uns den sogenannten Friedenssaal im Historischen Rathaus angesehen hatten, entließ uns der Lehrer für zwei Stunden in die Freiheit. Das war keine gute Idee. Mehr als zwei Dutzend unbeaufsichtigte 16-Jährige im Advent – wir machten auf dem örtlichen Weihnachtsmarkt zügig unsere erste Erfahrung mit der verheerenden Wirkung von Apfelkorn. Und auf der Rückfahrt verloren wir auch noch Schmidtke. Er hatte sich im Klo eingeschlossen, um den Apfelkorn wieder loszuwerden. Dabei hatte er leider nicht mitgekriegt, dass wir am nächsten Bahnhof umsteigen mussten. Er fehlte sogar noch am nächsten Schultag.

Ich wusste also nicht mehr viel von Münster, als Lena mir vom Vorschlag ihrer Eltern berichtete. »Ich hab ihnen schon so viel von dir erzählt.« Ich bin mir nicht sicher, ob das eine gute Nachricht war. Wenn sie eine Weile nicht so viel voneinander hören, telefoniert Lena noch mindestens zweimal am Tag mit ihrer Mutter. Ich wage nicht zu fragen, ob sie auch mit jedem einzelnen Detail unserer Beziehung vertraut ist.

Jetzt sitzen wir jedenfalls in Tonis Auto, das er uns geliehen hat, weil ich meinen Alfa in den Winterschlaf geschickt habe. Toni hat den Wagen erst vor ein paar Wochen gekauft; es ist ein alter Jaguar, der natürlich sehr charmant und elegant aussieht. Fast fragil. Leider auch ein rollendes Umweltverbrechen.

Lenas Vater ist Biologe, er macht irgendwas mit Ökologie und gilt auf seinem Gebiet als einer der größten Experten Europas. Vielleicht sollten wir also den Wagen zwei Straßen weiter parken – ansonsten hat sich mein Besuch eh erledigt. Wahrscheinlich hätte ich nicht mal

Gelegenheit, mich damit zu verteidigen, dass es erstens nur ein geliehenes Autos ist und zweitens auf Gasbetrieb umgebaut.

Marianella hat mir fünf Hemden gebügelt und gefaltet, als ich ihr von meinem Antrittsbesuch erzählt habe. »Du musst einen guten Eindruck machen«, hat sie gesagt.

»Aber wir fahren doch nur für zwei Tage.«

»Und wenn du beim Essen kleckerst? Oder Schweißflecken unter den Achseln bekommst? Man weiß ja nie.«

So schlimm würde es schon nicht werden, verspricht Lena. »Meine Eltern sind wirklich ganz herzliche Leute, sie werden die Monatsproduktion eines mittelständischen Winzers auftischen und viermal am Tag kochen. Und sie werden alles über dich wissen wollen, dich aber niemals zu Wort kommen lassen.« Sie sagt: »Du wirst sie mögen.«

Ich bin ein typisches Einzelkind, noch dazu sind meine Eltern geschieden, ich habe also keine Ahnung, wie es in einer Großfamilie zugeht. Lena hat erzählt, dass man bei drei jüngeren Geschwistern und einem klugen Vater natürlich nie richtig zu Wort kommt und sich deshalb alle angewöhnt haben, wild durcheinander zu reden. Der Lauteste hat am Ende recht. Ich beschließe, die Klappe zu halten und nur dann zu reden, wenn ich gefragt werde.

Nachdem wir von der Autobahn abgefahren sind, ruft Lena ihre Mutter an, um ihr zu sagen, dass wir gleich da sind. Es ist der vierte oder fünfte Anruf, seit wir von zu Hause losgefahren sind. Eine Art gesprochener Live-Ticker. Ihr Vater steht offenbar schon seit dem frühen Morgen in der Küche, bereitet das traditionelle Kaninchen vor und hat seitdem mehr als eine halbe Flasche Wein abwechselnd in die Soße und in sich selbst gekippt.

Zu besonderen Anlässen, und unser Besuch gehört offenbar dazu, stellt er sich höchstselbst an den Herd, weil er einer Gastronomen-Familie entstammt und nach den alten Rezepten seiner Mutter kocht. Und das Chaos, das er diesmal in der Küche angerichtet hat, muss Lenas Mutter die Tränen in die Augen getrieben haben. So habe ich zumindest Lenas Beschwichtigungen am Telefon gedeutet.

Als wir vor dem Haus ihrer Eltern ankommen, schaut schon jemand von oben aus dem Fenster, und mich überwältigt ein mulmiges Gefühl. Ich sage: »Ich komme mir vor wie bei einem Casting. Nur, dass ich nicht singen muss.«

»Das ist noch nicht sicher«, sagt Lena und grinst spöttisch. »Aber du brauchst dir echt keine Sorgen zu machen – was meinen Vater betrifft, wird das eher wie bei der mündlichen Abschlussprüfung. Und da hast du ja Erfahrung.«

»Und wenn sie mich doof finden?«

Lena lässt meine Frage unbeantwortet. Während der Fahrt hat sie von einigen ihrer bisherigen Freunde erzählt, die alle irgendwie früher oder später durchgefallen sind. Und immerhin war einer mit Doktor-Titel darunter.

Die Tür wird von einer Frau geöffnet, die genauso aussieht wie Lena – nur so, als hätte jemand zwanzig Jahre vorgespult. Sie trägt sogar Klamotten, wie ich sie auch schon mal an Lena gesehen habe. Und sie geht sehr freundlich darüber hinweg, dass ich die Blumen nicht aus dem Papier geschält habe, wie Lena es mir vorher ungefähr viermal eingeschärft hatte. »Kommt rein, Kinder«, sagt sie und presst Lena dabei so fest an sich, dass ich mich schon mal für eine Reanimation bereitmache.

»Ich bin die Maria«, sagt sie schließlich, als sie mir die Blumen abnimmt. Dann verschwindet sie, um eine Vase zu holen. Lena geht gleich hinterher, und ich stehe für einen Moment ganz allein und ziemlich bescheuert in einem Flur herum, der ungefähr so groß ist wie mein Wohnzimmer. Lenas Eltern leben in einer beeindruckenden Jugendstilwohnung voller wuchtiger Antiquitäten und Gemälde, deren Stil und Zusammenstellung sich mir nicht erschließen will. Jedenfalls hängen sie so eng beieinander, dass man sich auch das Streichen hätte sparen können.

Und hier kommt der Hausherr. Er trägt eine Schürze mit der Aufschrift »Hier kocht der Chef noch selbst«, und über seiner Schulter baumelt ein Geschirrhandtuch. »So, du bist also Lenas Freund«, sagt er und breitet die Arme aus. Er ist einen Kopf größer als ich, ich stoße mit der Stirn an seine Schulter, und das Geschirrhandtuch ist noch ein wenig feucht. Aber am Ende zählt ja mehr die Geste.

Sein Name ist Peter. Er führt mich jetzt durch die Wohnung, nur aus dem Schlafzimmer fliegen wir sofort wieder raus, wo Maria gerade Lena ihre Neuerwerbungen vorführt. Er zeigt das Zimmer von Benjamin, dem jüngsten Sohn, der noch zu Hause wohnt und im nächsten Frühjahr endlich sein Abitur macht. »Sonst werden wir den ja nie mehr los.« Und dann führt er seinen ganzen Stolz vor: sein Arbeitszimmer.

Das Arbeitszimmer ist ein langer schmaler Raum. An der einen Wand hängen ein paar Bleistiftzeichnungen, darunter auch mehrere Bilder mit prallen Busen und zwei große Holzplatten mit Brüsten dran. Ich glaube, Peter bemerkt meine Irritation. »Die stammen von meinem verstorbenen Freund Rolf. Er war ein bekannter

Künstler aus der Nähe von Stuttgart. Er hat eben besonders gern die Brüste seiner Frau dokumentiert. Drüben im Wohnzimmer hängt noch so ein Bild.«

»Ich weiß nicht, ob ich so was fragen sollte – aber deine Frau? Stört die das nicht? Ich meine, es sind ja nicht ihre Brüste.«

»Oh, und wie! Aber weißt du, diesen Raum betritt sie sowieso nur, wenn sie mich zum Essen ruft.«

Ich muss zugeben, ich kann das ein bisschen verstehen. Außer mit den Möpsen der Frau seines besten Kumpels sind die Wände in diesem Zimmer im Prinzip nur mit schwarzen Billy-Regalen verkleidet. Und darin stehen wiederum hunderte von Aktenordnern mit schwarz glänzendem Lackeinband. Das ist kein Arbeitszimmer, es ist eine Denker-Gruft.

Peter sagt: »Also, heute Nacht kannst du auch gern hier auf dem Sofa schlafen. Ich hab ja schon von eurem kleinen Problem gehört …«

Na großartig. Ein besseres Entrée hätte ich mir gar nicht wünschen können. Wir sind keine zwanzig Minuten bei Lenas Eltern, schon quatscht mich ihr Vater auf mein elendes Schnarchen an. Und noch bevor ich irgendwas Geistreiches erwidern könnte, steht auch schon Lenas Mutter im Türrahmen. Tatsächlich: Sie ruft uns zum Essen.

Inzwischen sind auch Lenas Brüder angekommen. Benjamin, der sogar noch größer ist als sein Vater, und Felix, der aussieht wie ein Hugo-Boss-Model aus der Parfüm-Werbung. Ich komme mir vor wie ein Zwerg zwischen diesen Leuten. Zumindest ist Lenas Schwester nicht da – die mich ja unbekannterweise für einen Vollarsch hält.

Während wir uns hinsetzen, steigt in mir etwas auf,

was Wirtschaftswissenschaftler wohl als klassischen Zielkonflikt bezeichnen würden. Bist du ein Arschkriecher, fällst du bei den Geschwistern durch. Machst du dagegen einen auf lässig, halten dich die Eltern entweder für einen arroganten Sack oder mindestens einen schlecht erzogenen Proll. Aber das Gute ist: Lena sollte recht behalten. Ich komme eh kaum zu Wort.

Nach dem Essen holt Papa Peter eine Flasche Grappa aus einem dieser monströsen Eichenschränke, von denen ich mich frage, wer die wohl hier in die zweite Etage hochgewuchtet hat. Und vor allem: wie?

Wir sitzen auf dem Balkon, der eher eine Terrasse ist, und die Frauen erledigen in der Küche den Abwasch. Das hat wohl weniger mit ihrem Rollenverständnis zu tun als mit der Tatsache, dass Maria ihre Tochter in Ruhe weiter über mich ausquetschen will. Die beiden Brüder rauchen, als würde morgen der Tabak verboten, und Peter schenkt ab und zu Grappa nach. Vielleicht ist das ja der Weg in ihr Herz: Ich muss versuchen, sie unter den Tisch zu trinken, allerdings ohne mich dabei im Suff um Kopf und Kragen zu reden. Ich muss an Lenas italienischen Spruch denken: *in cula la balena*.

Peter hat in der Vinothek seines Vertrauens einen fantastischen Rotwein gekauft, der gerade irgendeine Auszeichnung gewonnen hat – ich bin leider nicht mehr in der Lage, mir Details zu merken. Auf jeden Fall hat der Peter ihn noch zum alten Preis bekommen, sagt er, und so, wie er die Gläser immer wieder auffüllt, scheint er auch den kompletten Restbestand aufgekauft zu haben. Mir wird langsam ein bisschen schummerig, aber im Prinzip unterhalten wir uns ganz prächtig. Peter plaudert von der Uni und verwickelt mich in eine angeregte Diskussion über das Schreiben. Unter anderem erzählt er mir von seinem ersten Artikel, den er in den Siebzigerjahren für »Nature« geschrieben hat. Unter Biologen muss das eine Art Ritterschlag sein. Ich lalle etwas wie: »Na, dann sind wir ja quasi Kollegen« und halte mein Glas zum Anstoßen hin. Fehlt nur noch der Bruderschaftskuss.

Lena kommt mit Maria auf eine letzte Zigarette nach draußen, und bevor ich noch größeren Unsinn reden kann, verkündet sie, dass sie jetzt ins Bett will. Sie hat das Klappsofa in der Denker-Gruft bezogen, ihr Bruder Felix schläft drüben auf dem Wohnzimmersofa. Benjamin in seinem eigenen Zimmer. Wenn ich das alles richtig durchgezählt habe, dann dürfte es heute Nacht kein Entkommen geben.

»Und wie findest du sie?«, fragt Lena.

»Sie sind großartig, ehrlich. Entweder wirst du meine Frau, oder ich lasse mich von ihnen adoptieren.«

»Du bist sternhagelvoll. Oder ist das jetzt ein Heiratsantrag?«

»Lass mich eine Nacht drüber schlafen. Aber ganz ernst. Dein Vater könnte auch als Alleinunterhalter auf einem Kreuzfahrtschiff auftreten. Ich finde ihn saulustig.«

»Er dich anscheinend auch. Und meine Mutter findet, dass du echt ein hübscher Kerl bist. Sie meint, du würdest auch bestimmt schöne Kinder machen.«

»Dann lass uns doch mal ein bisschen üben.«

Lena kuschelt sich an mich ran. Ich glaube, auch sie ist ganz zufrieden damit, wie es gelaufen ist. Sie wirft ihr T-Shirt neben das Bett, und genau in dem Moment geht die Tür auf und das Licht an. Ihre Mutter. »Habt ihr eigentlich genug Wasser am Bett?«

»Ja, Mama. Gute Naaaaacht.«

Ich schlafe erleichtert ein. Von Lena kann man das leider nicht behaupten. Sie muss eine ganze Weile wach gelegen haben, während ich infernalisch geröhrt habe. Der Grappa, der Rotwein, die vielen Zigaretten – das macht es alles nicht besser. Als sie aufsteht und zu ihrem Bruder ins Bett flüchten will, rennt sie blöderweise gegen den Schirmständer im Flur, der scheppernd auf den Fliesenboden kracht und auch die anderen weckt. Alle außer mir.

Die ganze Familie versammelt sich vor der Tür zur Denker-Gruft und lauscht meinem sagenhaften Schnarchen, als wäre es eine Rummelplatzattraktion: »Kommen Sie näher und hören Sie den lautesten Schnarcher der Welt!« Lenas Brüder brechen fast zusammen vor Lachen, Peter schüttelt nur ungläubig und auch ein bisschen schockiert den Kopf. Maria nimmt Lena tröstend in den Arm. Sie sagt: »Kind, ich dachte ja, du übertreibst mal wieder. Aber jetzt weiß ich, was du meinst. Es tut mir so leid.«

Ihre Brüder sagen, sie soll mich am besten noch am nächsten Morgen verlassen und in eine andere Stadt ziehen.

Es versteht sich von selbst, dass ich von alldem nichts mitbekommen habe. Als ich morgens aufwache, denke ich nur, okay, sie ist weg und liegt bei ihren Eltern oder einem ihrer Brüder im Bett. Das ist mir schon maximal unangenehm. Außerdem fühlt sich mein Kopf an, als würde ich einen Skihelm tragen. Das sind nicht die besten Voraussetzungen, um beim Frühstück mit glänzendem Charme und Esprit Teil zwei der Vorstellungsrunde zu bestehen.

Lena erzählt mir aber erst am Nachmittag bei einem kleinen Radausflug durchs Münsterland von den Ereignissen der Nacht. Ihre Eltern haben diskret geschwiegen. Jedenfalls mir gegenüber. Lenas Schwester haben sie es am Telefon natürlich schon längst erzählt.

Sofort überkommt mich heftiges Heimweh; am liebsten würde ich jetzt meine frisch gebügelten Hemden zurück in die Tasche packen und ab auf die Autobahn. Aber abhauen ist feige, ich zieh das jetzt durch. Felix schläft heute wieder in seiner eigenen Wohnung, also ist das Wohnzimmersofa frei – und für mich das Arbeitszimmer. Ich muss sagen, allmählich finde ich das grabähnliche Ambiente sogar ziemlich passend zu meiner Stimmung.

»Und? War doch gar nicht so schlimm, oder?« Lena ist aufgekratzt wie ein Kind, das nach dem Sandmännchen einfach noch nicht ins Bett will. Wir stehen auf der A7 in einem schier unendlichen Stau. Dieses Wochenende will einfach kein Ende nehmen.

»Ist doch alles wunderbar gelaufen. Mein Vater hat sogar gesagt, du bist ein intelligenter junger Mann. Das ist das höchste Lob, das er zu vergeben hat.«

»Na bravo, und in zwei Wochen lacht sich deine Familie wahrscheinlich immer noch kaputt über mein kleines Konzert.«

»Ich glaube, lachen ist das falsche Wort. Sie haben Mitleid.«

»Mit dir.«

»Na ja, zumindest ist jetzt die Frage geklärt, ob ich mich nur anstelle und ein bisschen paranoid bin, findest du nicht?«

kapitel 10

Jetzt weiß ich endlich, wie es tief in mir drin ausschaut. Ich liege in einem gepolsterten Stuhl, der mein Zahnarzt-Trauma wieder weckt, und um mich herum stehen ein paar medizinische Geräte, die auch aussehen, als könnten sie mir weh tun. Dr. Harisch ist mir mit einer Art Kamera in die Nase gefahren, und die Bilder sehe ich jetzt auf einem großen Monitor, der über seinem Kopf von der Decke hängt. Das also sind Innenansichten eines Schnarchers.

Lenas Vater hat mich hierher gebracht. Jedenfalls indirekt. Bevor wir nach unserem Besuch bei Lenas Eltern wieder heimgefahren sind, hatte er besorgt seine leidende Tochter zur Seite genommen und eindringlich auf sie eingeredet. Es war so ein Ich-bin-Biologe-ich-kenn-mich-damit-aus-Gespräch. Lena hat dieses Gespräch nicht weniger eindringlich an mich weitergegeben. Ich glaube, der genaue Wortlaut am Schluss war: »Ich unterschreib keinen Mietvertrag mit dir, bevor du zum Arzt gehst.«

Und so landete ich in der HNO-Praxis von Dr. Christoph Harisch. Mein Freund Stefan ist Schriftsteller, und bei seinen Lesungen schmeißen die entrückten Frauen Schlüpfer auf die Bühne wie bei einem Rockstar. Jedenfalls so ähnlich. Stefan sagte: »Das ist der beste Mann in der Stadt.« Wenn Stefan vor einem Auftritt erkältet ist, stellt Dr. Harisch ihn innerhalb von ein paar Minuten wieder auf die Füße. »Frag mich bitte nicht, wie er das macht«, sagte Stefan. Ein Wunderdoktor also.

Das Wartezimmer steht voller Bauhaus-Klassiker, die wahrscheinlich nicht mal gefälscht sind. Und auf dem gläsernen Tisch in der Mitte des Raumes liegen sämtliche Hochglanz-Zeitschriften, die der Condé-Nast-Verlag so produziert: »Vogue«, »GQ«, »Architectural Digest«. Alles da. Ein Lifestyle-Arzt. Lena würde sicher sagen: »Da bist du richtig aufgehoben, der ist genau so ein Schnösel wie du.«

Die Sache mit der Kamera in meiner Nase ist übrigens weniger unappetitlich, als es jetzt klingt. Es kitzelt nur ganz erbärmlich. »Haben Sie Ihre Nase schon mal operieren lassen?«, fragt Dr. Harisch.

»Das können Sie sehen?«

»Natürlich, das ist mein Job.«

»Und? Ist es gut geworden?«

»Geht so.«

Er zieht die Kamera aus meiner Nase und sagt: »Also, ein bisschen eng geht es da schon zu. Ich bin mir aber nicht sicher, ob Ihr Problem damit zusammenhängt. Wissen Sie, das Schnarchen kann viele Ursachen haben. Sie können sich ja im Internet mal ein bisschen einlesen, und wenn Sie dann noch Fragen haben, klären wir die beim nächsten Mal.«

Fürs Erste verschreibt er mir ein Nasenspray und eine Nasenspülung, und allein der Gedanke, mir eine Salzlösung durch den Kopf laufen zu lassen, verursacht mir schon mal einen gewissen Brechreiz. Dr. Harisch sagt: »Probieren Sie das jetzt mal eine Woche, dann sehen wir weiter.« Da sitzt er vor mir in seinem weißen Kittel, lächelt überzeugt wie ein absoluter Bescheidwisser und sagt: »Richten Sie Ihrer Freundin mal liebe Grüße von mir aus. Wir kriegen das schon in den Griff.«

Irgendwie wirken diese Worte beruhigend auf mich. Als Lena nach Hause kommt, ist sie ein wenig erstaunt über meine gute Laune. »Wir können Herrn Fuchs anrufen und mit der Wohnung alles klarmachen. Ich soll dir von meinem Arzt ausrichten: Alles wird gut.«

»Hat er auch gesagt – wann? Und wie?«

»So weit sind wir noch nicht. Aber glaub mir, der weiß, wovon er redet. Und wusstest du eigentlich, dass mindestens zwanzig Prozent aller Deutschen schnarchen? Je nach Studie und Fragestellung, hat Dr. Harisch gesagt, sind es sogar ein Drittel. Und Männer sind ganz besonders davon betroffen.«

»Dann hatte ich bisher die anderen zwei Drittel der Männer.«

»Jetzt mal im Ernst. Ich hab mir ein paar Artikel aus dem Archiv ausgedruckt und ein bisschen drin rumgelesen. In Amerika haben sie in den Neunzigern mal eine Umfrage gemacht, und dabei kam raus, dass ab 30 Jahren wirklich jeder Dritte schnarcht. Bei den über 40-Jährigen sogar knapp 45 Prozent. Und mit zunehmendem Alter wird es immer schlimmer.«

»Und? Was willst du mir damit sagen?«

»Na ja, angenommen, du verlässt mich irgendwann, weil's dich nervt, dann stehen die Chancen ziemlich hoch, dass du an den nächsten Schnarcher gerätst. Und wenn er jetzt noch nicht schnarcht, wird er eben in ein paar Jahren ganz sicher damit anfangen.«

»Hä?«

»Was ich meine ist: Bei der Statistik kannst du auch gleich bei mir bleiben.«

Sie ist etwas weniger beeindruckt von meinem neu erworbenen Wissen, als ich mir das erhofft habe. Stattdessen kommt sie auf unseren Umzug zu sprechen. Sie erstellt verschiedene Listen: Es geht darum, wer wann zum Schleppen bestellt wird. Es gibt eine Ikea- und eine Baumarktliste. Vor allem aber eine, die besagt, welche Möbel wohin kommen. Es wird eine endlose und reichlich zähe Verhandlung; ich bin sicher, dass Kandidaten für den diplomatischen Dienst an so einer Aufgabenstellung scheitern würden. Am Ende läuft es jedenfalls darauf hinaus, dass ich mit meinem »Design-Scheiß«, wie Lena es ausdrückt, das Wohnzimmer einrichten darf und ansonsten die Klappe halte. Mehr ist für mich nicht rauszuholen.

Lena breitet Millimeterpapier auf dem Esstisch aus und überträgt die Daten aus dem Wohnungsgrundriss auf ihren Skizzenblock – ich wäre allein mit der maßstabsgetreuen Umrechnung schon völlig überfordert. Später rennt sie noch ein paar Mal runter in ihre Wohnung, um Tische auszumessen, Kommoden, Schränke, ihr Sofa, die Stühle. Auch das rechnet sie um, malt die Möbel auf Blätter, schneidet sie aus und verschiebt sie auf dem neuen Grundriss. Ich kapituliere vor der Planungswut und vertiefe mich lieber in den Stapel Schnarcher-Storys aus meinem neu angelegten Privatarchiv.

Wenn sie sich mal hinsetzt, lese ich Lena immer wieder ein paar Absätze vor, doch sie blickt nicht mal von ihrem Papierstapel auf. Und dann stoße ich auch wieder auf die Geschichte von Mel Switzer, dem heldenhaften Taxifahrer, der mit seinem Schnarchen jahrelang unangefochten seine Position im Guinness-Buch der Rekorde verteidigt hat. Ich bemühe mich noch mal um Lenas Aufmerksamkeit.

»Das musst du dir mal vorstellen. Da ist eine Frau mit

einem Mann zusammen, der fast so laut schnarcht wie ein Presslufthammer. Und sie sind seit über 30 Jahren verheiratet.«

»Das will ich mir gar nicht vorstellen. Ich würde es nicht mal 30 Sekunden aushalten.«

»Sie hatten getrennte Schlafzimmer.«

»Die haben wir jetzt auch. Willst du mal sehen? Hab schon alles eingezeichnet.«

Als ich zu meinem zweiten Termin bei Dr. Harisch eintreffe, führt mich seine Assistentin in einen Nebenraum zum Allergietest. Sie hat ein ebenmäßiges Püppchengesicht und eine Figur, als würde sie diesen Job hier nur machen, um die paar Stunden zwischen zwei Fotoshootings zu überbrücken. »Krempeln Sie bitte Ihren Ärmel hoch?«

Sie malt mir mit einem Filzstift zuerst einen langen vertikalen Strich auf den Arm und dann noch viele waagerechte Striche, die den ersten kreuzen. Sieht ein bisschen aus wie Hüpfekästchen auf einem Schulhof. In jedes der Kästchen auf meiner Haut – sind es zwanzig oder sogar noch mehr? – piekst sie mit einem kleinen Haken und gibt eine Flüssigkeit darauf. Ich soll eine Faust ballen, aber so wie das brennt, würde ich am liebsten mit der Faust zuschlagen. Ja, ich bin ein Weichei. Und nein, ich glaube, ich habe mir nichts anmerken lassen. Zumindest habe ich es versucht.

Zwanzig Minuten später reicht mir Germany's next Topmodel einige Feuchttücher, um meinen Unterarm abzuwischen. Keine ernsthaften Rötungen erkennbar. Ich habe nicht mal eine Hausstauballergie. Um ehrlich zu sein – ich bin erschüttert. Was Eindeutiges, schnell Therapierbares wäre mir lieber gewesen.

»Hat Ihnen das Nasenspray geholfen?«, fragt Dr. Harisch.

»Mir schon, aber meiner Freundin nicht.«

»Das ist natürlich blöd. Sagen Sie, rauchen Sie eigentlich?«

»Öh, ja. Aber nicht viel. Halbe Packung am Tag. Wenn ich ausgehe, natürlich mehr.«

»Trinken Sie Alkohol?«

»Ja, schon. Und bevor Sie fragen – auch nicht nur einmal im Monat, aber auch jetzt nicht so wie ein Hardcore-Alkoholiker. Ich kann ohne weiteres mal eine Woche gar nichts trinken.«

Mann, jetzt verteidige ich mich schon, bevor ich überhaupt angeklagt wurde. Und das vor einem Arzt, der nebenbei noch eine ziemlich angesagte Cocktail-Bar betreibt. Auch wenn er inzwischen nicht mehr selbst hinter der Theke steht.

»Hm«, sagt Dr. Harisch, »alles nicht gut. Lassen Sie mich mal ein paar Dinge erklären. In der Medizin gibt es einen Begriff, der nennt sich Schlafhygiene. Dazu gehört ein geregelter Tag- und Nacht-Rhythmus, das heißt, Sie sollten zu festen Uhrzeiten ins Bett gehen und wieder aufstehen. Essen Sie abends leichte Gerichte wie Fisch oder Geflügel, und trinken Sie vor allem anschließend keinen Espresso mehr. Und nach 21 Uhr sollten Sie eigentlich auch Alkoholgenuss vermeiden.«

Soll ich ihm sagen, dass er gerade seine Bar leer redet?

Dr. Harisch ist noch nicht fertig. Er sagt, dass Zigaretten die Atemwege angreifen (was ich jetzt nicht so überraschend finde), dadurch schwellen die Schleimhäute in der Nase und im Rachen an. Und was passiert? Du atmest durch den Mund. Und damit waren wir beim eigentlichen Problem.

Das Schnarchen, erklärt Dr. Harisch, entsteht im Rachenraum. »Das ist das Sägewerk.« Vor allem ist es ein ziemlich kompliziertes Konstrukt aus Mundhöhle, Zunge, Gaumensegel und Zäpfchen, in dem viele verschiedene Muskeln das Kauen, Schlucken, im Zweifel auch das Husten organisieren. Vereinfacht gesagt, erschlafft im Schlaf die Muskulatur und verengt die Atemwege. Die eingeatmete Luft strömt schneller durch diese Verengung, sie wird förmlich hindurchgepresst und lässt die Weichteile im Gaumen vibrieren.

»Gaumensegel ist wirklich ein guter Begriff«, sagt Dr. Harisch, »es schwingt sozusagen in der Atemluft hin und her. Der Lärm, der Ihre Freundin da um den Verstand bringt, ist ein Knattern, wie Sie es von einem Segelboot kennen, das im Wind steht. Und dazu zittert das Zäpfchen. Das befindet sich anatomisch gesehen nämlich gleich dahinter. Schlafen Sie auf dem Rücken?«

»Meistens ja. Jedenfalls so lange, bis meine Freundin mich tritt, boxt, kratzt oder zur Seite rollt. Wieso?«

»Dadurch öffnet sich der Unterkiefer, er fällt zurück, und die Atemwege werden noch enger. Und dann setzt das Gesäge wieder ein.«

Okay, davon habe ich in meinen Artikeln auch schon eine Menge gelesen. Der Legende nach haben Soldaten im amerikanischen Bürgerkrieg ihren schnarchenden Kameraden Kanonenkugeln in die Uniform eingenäht, um sie daran zu hindern, in Rückenlage zu schlafen. Angeblich aus Sorge, das Gesäge könne die eigene Stellung verraten. Die Feinde hätten dann gewusst: Na prima, die pennen alle selig und werden sich nicht wehren. Ich bin mir allerdings sicher, dass es ihnen in Wahrheit ganz egoistisch um die eigene Nachtruhe ging.

Die Methode gibt es heute in etwas zivilerer Form,

man näht Tennis- oder Golfbälle in Schlafanzüge ein, was in etwa den gleichen Effekt haben soll. Im Internet gibt es solche T-Shirts für knapp 30 Euro schon fix und fertig zu kaufen. Ich vermute allerdings, dass auf diese Weise nicht nur die Rückenlage verhindert wird, sondern der Schlaf an sich. Zum Glück ist Lena noch nicht auf so eine Idee gekommen.

Dr. Harisch sagt: »Sie wissen wahrscheinlich, dass Schnarchen lebensgefährlich sein kann.«

»Weil einem die Lebensgefährtin an den Kragen geht?«

»Vielleicht auch deshalb. Aber haben Sie schon mal vom obstruktiven Schlafapnoe-Syndrom gehört?«

Natürlich nicht, und insgeheim bewundere ich ihn dafür, dass ihm die monströse Wortfolge derart lässig über die Lippen geht wie mir allenfalls »Ein Bier, bitte«.

Im Prinzip, erklärt Dr. Harisch, geht es beim Schlafapnoe-Syndrom darum, dass der obere Teil der Luftröhre während des Schlafs kollapsartig in sich zusammenfällt und die Atemwege blockiert. Für Apnoiker ist der Schlaf dann nichts anderes als ein schier aussichtsloser Kampf. Sie wälzen sich im Bett, der Körper bebt, der Atem stockt im Extremfall zwei, drei Minuten lang. Mit lauten Sauggeräuschen schnappen sie nach Luft. Während der Atemaussetzer sinkt der Sauerstoffgehalt im Blut rasant, der Körper reagiert wie in Panik: Das Gehirn sendet alarmierende Weckrufe. Das passiert ein paar Mal pro Stunde, die Hardcore-Schnarcher schrecken dabei immer wieder hoch, aber immer nur so kurz, dass sie sich am nächsten Morgen nicht mehr daran erinnern können. In der Konsequenz fühlen sie sich dauerschlapp und kämpfen tagsüber permanent gegen Müdigkeit.

Mir wird ein bisschen flau im Magen während Dr.

Harischs Referat. Ich bin auch ziemlich oft müde tagsüber, was allerdings auch meinem Lebenswandel geschuldet sein könnte. Und wenn ich Lenas Schilderungen Glauben schenke, dann klingt mein Schnarchen immer so, als wäre ich mindestens ein aussichtsreicher Herausforderer für Mel Switzer, wenn nicht gar ein Kandidat für die englische »Snoring Farm«. Auf der anderen Seite neigt Lena nicht selten zur fantastischen Übertreibung.

»Ich will Ihnen jetzt nicht unnötig Angst machen, aber schweres Schnarchen kann zu Potenzverlust und Hirnzellenschwund führen, Bluthochdruck und Herzinfarktrisiko sollten Sie auch nicht unterschätzen«, sagt Dr. Harisch. »Menschen mit einer hartnäckigen Apnoe haben leider recht selten was von ihrer Rente. Sie sterben nämlich vorher.«

Schnarchen macht also dumm und impotent, jedenfalls, wenn's blöd läuft, und ich soll mir keine Sorgen machen? Wahrscheinlich wird die Wissenschaft auch bald was dagegen entwickelt haben. Sobald sie den Krebs im Griff hat.

Es gibt Atemmasken, die ich mir nach Dr. Harischs Schilderungen so ähnlich vorstelle wie die Maske von Darth Vader in »Star Wars«. Sie nennen sich CPAP-Geräte und versorgen die Atemwege mit einem konstanten Luftdruck. Für viele Patienten soll das nicht nur die letzte Hoffnung gewesen sein, es hat anscheinend ihr Leben verändert: Zum ersten Mal wieder richtig geschlafen. Ich kann mir gut vorstellen, was für eine enorme Befreiung das sein muss.

Dr. Harisch sagt, dass es allein in Deutschland knapp eine Million Apnoe-Patienten gibt. »Ich glaube nicht, dass Sie dazugehören, aber das werden wir herausfinden. Ich gebe Ihnen ein Screening-Gerät mit nach Hause, das

Ihren Schlaf aufzeichnet.« Dr. Harisch ruft seine Assistentin rein und murmelt ihr irgendeinen Geheimcode zu. Fünf Minuten später steht sie wieder im Behandlungszimmer. Das Gerät sei dummerweise in Gebrauch.

»Okay«, sagt Dr. Harisch, »sobald wir das Gerät wieder hier haben, werden wir uns bei Ihnen melden. Auf eine Woche kommt es ja auch nicht mehr an, wenn ich Sie da richtig verstanden habe.«

Hat der eine Ahnung.

kapitel 11

Was ist eigentlich so kompliziert an einem Umzug? Zumal, wenn es von einem Stockwerk ins andere geht, also ungefähr vier Höhenmeter? Du denkst: Trage ich meine paar Möbel runter und Lenas Kram die zwanzig Stufen rauf, und schon beginnt unser neues Leben als richtiges Paar. Denkst du so. Aber Lena hatte da einige Spitzen-Ideen, wie sie sagt. Kleinere Umbauten in Bad und Küche, und in der ganzen Wohnung eine Wandgestaltung, für die sie gerade den Farbenberater im Obi seit einer gefühlten Dreiviertelstunde in Beschlag nimmt wie eine Geisel.

Er trägt ein verwaschenes Obi-Polohemd und eine Frisur, die eher eine Kopfbedeckung ist. Vor sich hat er ungefähr dreihundert Farbkärtchen ausgebreitet, deren feine Nuancen sich meinem Wahrnehmungsvermögen entziehen. Zudem bin ich sicher, dass sie an unseren krummen Wänden ohnehin komplett anders aussehen. Gedanklich habe ich mich schon aus der Entscheidungsfindung verabschiedet, schließlich hat Lena mir schon auf dem Weg in den Baumarkt dringend geraten, auf gar keinen Fall von meinem Vetorecht Gebrauch zu machen. Hinter uns bildet sich eine lange Schlage wie in der DDR, wenn es frische Bananen gab: jede Menge minütlich genervtere Leute, die bestimmt nur eine winzige Frage haben und Lena jetzt am liebsten vierteilen würden. Um sie danach persönlich in den Farbmixer zu werfen.

Die meisten Farben klingen wie Eiscreme-Sorten. Zabayone, Limone, Papaya, Melone. Ich hätte mich auch über »Choc Choc Chip« oder »New York Super Fudge Chunk« nicht weiter gewundert. Wir stehen an der Farbentheke, ich spüre die hasserfüllten Blicke in meinem Rücken und fühle mich wie auf einen fremden feindlichen Planeten verschleppt. Für mich sind Besuche im Baumarkt immer auch eine Begegnung mit meiner Unzulänglichkeit als Mann. Mein handwerkliches Geschick endet spätestens beim einigermaßen sauberen Ansetzen eines Akkuschraubers, und hier muss ich mir von pickligen, irgendwie nerdigen Typen Dinge erklären lassen, die ich eh nicht verstehen, geschweige denn umsetzen werde. Praktiker, Obi, Bauhaus – in der Liste der ultimativen Liebesbeweise steht für mich ein Einkauf im Baumarkt direkt hinter einem Nachmittag in der Frauenabteilung von H&M oder einem Samstagmorgen bei Ikea.

Nach etwas über einer Stunde fahren wir mit vier lumpigen Eimerchen Farbe eilig nach Hause, weil die beiden Küchenbauer schon wieder vor der Tür warten. Sie kommen aus einem kleinen Dorf irgendwo aus den Thüringer Wäldern und scheinen sich in unserer Wohnung ziemlich wohl zu fühlen. So oft wie sie bei uns sind, um ein paar Schränke und Geräte zusammenzubauen und auszurichten, könnten sie genauso gut vorübergehend einziehen. Sie müssten sich allerdings mit den beiden Installateuren aus dem Erzgebirge über die Zimmeraufteilung einigen. Inzwischen sind wir alle per du, und ich kann mir ein Leben ohne diese Jungs kaum noch vorstellen, außerdem habe ich in dieser Zeit einige interessante sächsische Schimpfwörter gelernt. Ich frage mich nur, wer eigentlich vor der Wiedervereinigung diese Jobs gemacht hat?

Allmählich komme ich mir vor wie ein Bauleiter. Die Renovierungsarbeiten ziehen sich seit drei Wochen hin – in Dubai haben sie vor der Finanzkrise in dieser Zeit Wolkenkratzer gebaut. So lange warte ich schon darauf, dass der Elektriker, ein am Telefon nahezu unverständlicher Niederbayer, so freundlich sein könnte, eine neue Telefonsteckdose zu installieren. Und unser Anstreicher macht mich seit mindestens zwei Wochen komplett irre. Ich kenne Freddy schon seit einer Weile, aber seit er sich im »Edelheiß« in einen Scheidungsanwalt verknallt hat, kommt er von seinem rosa Wölkchen leider nur noch sehr selten zu Besuch auf die Erde. In unserer künftigen Wohnung macht er dabei natürlich noch seltener einen Stopover: Er streicht ein, zwei Wände, schreibt zwischendurch etwa fünfzig SMS – und hat's dann plötzlich wieder ganz eilig zu verschwinden.

Lena hat trotzdem gute Laune befohlen. Sie bekocht die Handwerker mit dem besten Cappuccino, den es nördlich des Brenners gibt; sie macht einen auf hilfloses Blondchen und bringt so die Jungs dazu, nebenbei noch unser Bücherregal aufzubauen, die Holz-Jalousien aufzuhängen und den Fernseher an unsere porösen Bröselaltbauwände zu dübeln. Ich bin sicher, sie hat ihnen zugeflüstert, dass sie mit einem notorischen Bewegungslegastheniker liiert und deshalb auf fremde Hilfe angewiesen ist.

Zum Glück ist Lena so fieberhaft mit dem Umzug beschäftigt, dass sie das inzwischen dauerhaft ausgeklappte Sofa in meinem Wohnzimmer als Provisorium betrachtet und nicht mehr als Mahnmal für eine gestörte Beziehung. Aber auf den Anruf von Dr. Harisch warte ich trotzdem noch dringender als auf den wahnsinnigen

Elektriker und seine gottverdammte Telefonsteckdose. Vielleicht habe ich ja ein bisschen übertrieben, als ich Lena von diesem mobilen Schlaflabor berichtete und es als die endgültige Lösung unserer Probleme pries. Anscheinend ist der Typ, der es zuletzt hatte, für eine Weile in den Urlaub gefahren und hat vergessen, es vorher zurückzugeben. Jedenfalls hat die Model-Assistentin so etwas angedeutet, als ich mich vorgestern mal sachte erkundigte. »Wir rufen Sie an«, hat sie gesagt. »Kann sich nur noch um ein paar Tage handeln.«

Natürlich werde ich allmählich nervös. Seit einiger Zeit führt Lena bei uns ein Regiment wie die Chefin einer Entziehungsklinik. Den Espresso nach dem Essen hat sie mir längst verboten, und wenn wir abends mit Freunden ausgehen, muss ich um jedes einzelne Bier betteln. Am Anfang habe ich noch gedacht, es hängt vielleicht damit zusammen, was ich ihr über die Ursachen meines Schnarchens erzählt hatte. Nur ein paar Kleinigkeiten, nichts, was sie dazu hätte bringen können, meinen Lebensstil fundamental in Frage zu stellen. Gestern aber habe ich so einen kleinen Ratgeber bei ihr gefunden, als ich ihre Brille suchen sollte. Es ist ein bläulicher Band mit dem Titel »Das Schnarchbuch. Ursachen, Risiken, Gegenmittel«.

Sie hat also selbst angefangen zu recherchieren, dieses misstrauische Luder.

Ich habe mal ein paar Seiten quergelesen und wurde blass vor Angst. In dem Buch wird Alkohol mindestens genauso verteufelt wie Zigaretten. Letztere lässt sie mir einstweilen. Wahrscheinlich aus Furcht, ich könnte im Gegenzug auch ihr das Rauchen verbieten.

Als Lena von der Arbeit heimkommt, stehe ich in der Küche, schnipple Gemüse und das Hühnchen für mein

Mango-Chutney-Chicken. Das klingt ambitioniert, basiert aber letztlich auf einem Gläschen Bengal-Hot-Chutney, das mir der Junge aus dem Asia-Laden empfohlen hat. Lena drückt mir einen flüchtigen Kuss auf die Stirn, dann tritt sie einen Schritt zurück, legt den Kopf schief und betrachtet mich aus einer gefühlten Kilometer-Distanz: »Sag mal, kann es sein, dass du ein bisschen mopsig geworden bist?« Sie kneift mir mit Daumen und Zeigefinger in die Wangen und zieht an meinem Gesicht.

Ich fürchte, sie hat nicht ganz unrecht. Laut der Körperfett-Waage, die sie vor ein paar Tagen gekauft hat, habe ich knapp drei Kilo zugenommen. Wahrscheinlich wegen der Leberkäs-Semmeln, die ich beinahe täglich mit den Handwerkern zu Mittag esse. Möglicherweise hat die alte Waage aber auch nicht gestimmt.

»Jeder Mann in einer festen Beziehung nimmt zu«, versuche ich mich zu verteidigen, »ich glaube, das ist genetisch so programmiert.« Gebundene Männer werden nachlässiger, sie rasieren sich seltener, treiben weniger Sport, nehmen zu und verlieren ganz generell an Attraktivität. Wahrscheinlich ist es eine Sache des Unterbewusstseins: Sie wollen sich davor schützen, fremdzugehen.

»Hat dir Dr. Harisch eigentlich auch etwas über den Zusammenhang von Körpergewicht und Schnarchen erzählt?«

»Du meinst, dass ein fetter Ranzen besser als Resonanzkörper dient? So wie bei Tenören in der Oper?«

»Ich meine eher, dass sich die Fettablagerungen nicht nur an deinem Bauch bilden, sondern auch in den Atemwegen. Passives, schlaffes Gewebe. Jeder, der sein Idealgewicht um zwanzig Prozent überschreitet, ist quasi automatisch ein Schnarcher. Da gibt es genug Studien, die belegen, dass eine Diät die beste Therapie ist.«

»Ach ja. Und woher weißt du das?«

»Gelesen.«

»Dann hast du sicher auch gelesen, dass die Typen gemeint sind, die im Flugzeug zwei Sitze brauchen und im Bett eine doppelte Matratze.«

Als sie nicht antwortet, sage ich: »Was glaubst du denn, warum es heute keinen Reis als Beilage gibt? Wenn ich schon kein Bier mehr kriege, dann vertreiben wir jetzt auch die Kohlehydrate aus unserem Haushalt.«

Fehlt eigentlich nur noch, dass sie mich jetzt jeden Morgen eine Stunde früher weckt und zum Joggen an die Isar rausjagt wie ein Hündchen. Oder mir so ein irrsinniges Anti-Schnarch-Shirt mit eingenähten Tennisbällen bestellt.

So weit sind wir jetzt also schon gekommen. Wir lesen Medizinbücher, und unser Wortschatz hat sich innerhalb weniger Wochen um Begriffe wie Gaumensegel, Rachenzäpfchen und Schlafapnoe erweitert. Ich hätte gut darauf verzichten können. Am meisten nervt mich, dass Lena dieses Schnarchbuch offenbar mindestens so ernst nimmt wie ein christlicher Fundamentalist die Bibel.

»Steht in deinem Buch auch, dass es eine verdammt ungerechte Laune der Natur ist, dass vor allem Männer schnarchen? Dr. Harisch sagt, es sind nur eure Östrogene, die das Schnarchen verhindern. Aber warte mal ab, wenn du in die Wechseljahre kommst – dann fängst du auch an zu sägen. Und dann kriegst du das alles zurück.«

Ich sage: »Es ist halt eine anthropologische Geschichte, dass wir Männer schnarchen. So haben wir euch früher vor wilden Tieren beschützt.«

»Willst du dich jetzt mit Verhaltensweisen aus der

Steinzeit rausreden? Das ist doch alles Quatsch. Genauso wie die Theorie, dass unser Handtaschen-Kaufen die neuzeitliche Fortsetzung des weiblichen Sammeltriebs sein soll. Wahrscheinlich haben die Schnarcher damals die Tiere überhaupt erst angelockt.«

»Dann haben sie sich eben aufgeopfert. Läuft doch aufs selbe raus.«

»Wenn du schon mit so einem Evolutions-Scheiß anfängst, dann sollte dir auch klar sein, dass wir Frauen nur ein paar Jahrzehnte gebraucht haben, um euch Kerlen das Im-Stehen-Pinkeln wegzusozialisieren. Ihr müsst ja auf dem Klo auch nicht mehr vor wilden Tieren davonrennen. Es gibt wirklich keinen vernünftigen Grund, dieses Gesäge zu ertragen.«

Der Umzug ging am Ende dann doch schneller, als ich gedacht hätte. Freddy hat sogar die richtige Farbe auf die vorgesehenen Wände gerollt, wir haben einen Telefonanschluss mit funktionierendem Internetzugang, und die Handwerker aus dem Osten sind jetzt auch weg. Ich werde sie ein wenig vermissen.

Toni und ein paar Kumpels waren da, um beim Schleppen zu helfen und anschließend meine Whiskey- und Obstbrand-Vorräte zu vernichten. Es war nicht mal ansatzweise so chaotisch, wie ich befürchtet hatte. Lena stand geschäftig dirigierend an der Tür wie eine Platzanweiserin beim Weltklimagipfel, und insgeheim dachte ich, sie könnte noch viel professioneller aussehen, wenn sie dabei ein Headset tragen würde.

Ein paar Tage später ruft sogar endlich die HNO-Schönheitskönigin an. Sie sagt, pünktlich zum Wochenende kann ich das Gerät haben. Als ich in der Schöner-Wohnen-Praxis ankomme, fragt Dr. Harisch, wie es denn so läuft zu Hause. »Unverändert«, sage ich. Nur mit dem Unterschied, dass wir jetzt ein Gästezimmer haben, das nicht für Gäste bestimmt ist.

Dann kommt er zur Sache. Er zeigt mir einen kleinen Kasten und ein paar Kabel, die meinen Schlaf gewissermaßen aufzeichnen. Das lang ersehnte Screening-Gerät. »Wir nennen es ambulante Somnografie.« Die Hauptsache ist ein winziges Mikro, das mir quasi unter die Nase gebunden wird – mittels eines um die Ohren geschlungenen Plastikbügels. So werden die Schnarchgeräusche aufgenommen. Fühler und Elektroden, die am Oberkörper und an einem Finger angebracht werden, überprüfen den Puls, die Atemfrequenz und den Sauerstoffgehalt im Blut. Angeblich kann dieses Ding sogar meine Schlafposition feststellen. Weiß der Teufel wie.

Irgendwie bin ich immer noch skeptisch. »Sind Sie sicher, dass man ohne Informatik-Studium diese ganzen Kabel richtig zusammenstecken kann?«

»Natürlich, das haben auch schon dümmere Leute als Sie hingekriegt. Wichtig ist nur, dass Sie zu einer festgelegten Uhrzeit ins Bett gehen und wieder aufstehen. Ich werde das Gerät entsprechend programmieren, und dann startet es die Aufzeichnung automatisch.«

Wir einigen uns auf Mitternacht bis acht Uhr früh. So kann ich zumindest das »Aktuelle Sportstudio« noch zu Ende sehen und bin rechtzeitig zur Übertragung des Skirennens vom Bäcker zurück. »Am Montag schaue ich mir die Daten an. Danach können wir einigermaßen sichergehen, dass Sie nicht an Schlafapnoe leiden. Und im Zweifelsfall überweise ich Sie an ein richtiges Schlaflabor.«

Zum Abschied sagt mir Dr. Harisch noch, dass wirklich kein Grund zur Sorge besteht und er mir trotz der ungewöhnlichen Umstände einen ruhigen und erholsamen Schlaf wünscht. »Und denken Sie dran, dass es um Mitternacht losgeht.«

»Pack mal aus! Lass mal sehen, das Ding.« Lena ist so aufgeregt, als hätte ich ihr ein Geschenk mitgebracht.

»Damit musst du mich dann später verkabeln. Und ich will deine Euphorie ja nicht bremsen, aber dieses Gerät beendet nicht mein Schnarchen – es stellt nur fest, ob es überhaupt schlimm ist.«

»Ich dachte eigentlich, über diese Stufe sind wir hinaus. Ja, es ist schlimm. Und noch mal ja – es ist ein Problem.«

»Ich mein doch nur, ob es so schlimm ist, dass ich verblöde und impotent werde.«

»Impotenz wäre in der Tat eine Veränderung.«

Am nächsten Tag ruft Toni an. Es ist später Nachmittag, und er faselt etwas von einem sagenhaften Projekt, das er sich überlegt hat. »Mind-breaking!«, brüllt er ins Telefon, und wenn er solche Begriffe benutzt, verheißt das nichts Gutes.

»Was hab ich damit zu tun?«

»Du sollst hinterher die Texte dazu schreiben.«

»Weiß nicht.«

»Pass auf, wir treffen uns nachher bei Phil in der Botschaft, dann erklär ich dir alles in Ruhe.«

»Heut Abend ist schlecht, ich muss um zwölf im Bett sein. Können wir uns nicht morgen Nachmittag auf einen Kaffee treffen?«

»Nee, unbedingt heute noch, und ein paar Bier können dir eh nicht schaden, du lebst ja wie ein Asket in letzter Zeit. Was ist denn heute Nacht?«

Ich erzähle ihm von dem mobilen Schlaflabor, das ich

daheim habe. Angesichts der Tragweite erzähle ich es ihm auch in der gebotenen Ernsthaftigkeit, aber am anderen Ende der Leitung höre ich nur ein heiseres Wiehern, als hätte Toni Fury entführt und bei sich im Büro angeleint. Er kriegt sich gar nicht mehr ein. »Na okay«, sage ich. »Um halb zehn bei Phil. Aber echt nur zwei Bier und ein, maximal eineinhalb Stündchen, dann muss ich heim.«

Die »Botschaft« ist noch komplett leer, als wir um halb zehn reinkommen. Vielleicht werden wir auch langsam alt und gehen zu früh aus. Wir stellen uns an die Bar, und Phil erzählt von einem neuen Laden, den er ganz in der Nähe eröffnen will. Komisches Volk, diese Gastronomen, denke ich. Hat gerade die eine Bar aufgemacht, da denkt er schon an die nächste.

Phil greift sich ein paar Schnapspullen aus dem Regal hinter seinem Rücken und schüttet eine Menge durchsichtigen Stoff in ein Halbliterglas, Maracuja- und Mangosaft drauf und zwei Kellen crushed ice hinterher. Anschließend stellt er uns die Gläser auf die Theke. »Funky Bastard«, sagt er, »hab ich gestern mal gemixt. Ist der Kracher. Geht aufs Haus.«

»Schau mal, was ich dir mitgebracht habe.« Toni rollt eine Art Plakat aus. Es stammt von einem stummen Verkäufer eines lokalen Boulevardblattes. »Die Hölle in der Nacht – zehn sichere Tipps gegen das Schnarchen.«

Später erzählt Toni von zwei völlig durchgeknallten argentinischen Models, die er und sein Artdirector-Kumpel Pedro neulich zu einem Casting einbestellt haben, das ausnahmsweise mal ein echtes Casting sein sollte. Sie arbeiten gerade an einer Kampagne für eine italienische Friseur-Kette. Toni berichtet ausführlich, wie sie später beim Essen bei so einem mafiösen Italiener brutal abgestürzt sind, mit einer Überdosis Champagner und Grappa. Und selbst wenn ich nur die Hälfte seiner Schilderungen glauben würde, muss sich am Ende in seiner Agentur eine unfassbare Orgie abgespielt haben, die mir die Schamesröte ins Gesicht treibt.

»Dieser Funky Bastard schmeckt großartig, findest du nicht?«, versuche ich das Thema irgendwie zu beenden.

»Phil, mehr davon, bitte«, sagt Toni, bevor er mit weiteren Details aus der Nacht fortfährt, die für Jugendliche unter 18 Jahren gänzlich ungeeignet wären.

»Also, was ist das jetzt für ein Projekt?«

»Ist mehr so eine Idee. Oder nennen wir es Kunstprojekt. Ich sag dir, hinterher wird niemand mehr über Günter Wallraff reden.«

»Um Gottes willen, was hast du denn vor?«

»Stell dir den schlimmsten Job vor, den es gibt auf der Welt.«

»PR-Berater von Lothar Matthäus.«

»Nein, ich meine wirklich schlimm. Ganz unten. Im Sinne von absolut *dirty*?«

»Hilf mir auf die Sprünge.«

»Putzfrau bei einer Porno-Produktion. Direkt am Set. In München gibt's eine Filmfirma, da können die Typen einfach so reinspazieren und sogar in den Pornos mitspielen. Es ist total ekelhaft. Und hier ist die Idee! Dort undercover arbeiten und mit versteckten Spionagekameras den ganzen widerlichen Dreck dokumentieren.«

»Putzfrau. Du?«

Inzwischen steht der vierte »Funky Bastard« vor uns auf der Theke, und ich muss zugeben, dass die ersten drei ihre Wirkung zeigen. Es ist voll geworden um uns herum, der DJ spielt »Digital« von Joy Division, und die schrägen Gitarren sägen sich in meine Ohren.

»Du bist ein Werbelümmel, was hast du mit so einem Projekt, wie du es nennst, zu tun?«

»Es ist Kunst. Man muss doch mal was Anti-Kommerzielles machen dürfen, auf Missstände hinweisen, auf Ausbeutung.«

»Du machst Werbung für Alkohol und Kippen! Und dann willst du Gesellschaftskritiker spielen? Mit großem Gewissen?«

Ich frage mich, ob Toni noch alle Latten am Zaun hat. Wallraff als Afrikaner, der den täglichen Rassismus der Deutschen entlarvt – in Ordnung. Aber Toni als Putzfrau beim Film? Er berauscht sich mindestens so an seiner Idee wie ich mich an den Drinks. Gerade textet er zwei Berlinerinnen zu, die sich in die »Botschaft« verirrt haben. Dann bestellt er noch eine Runde.

Ich schaue auf die Uhr. *Oh shit.* Halb eins. Seit einer halben Stunde sollte ich im Bett liegen, verkabelt an mein Screening-Gerät. Und was hatte in unserer Schnarch-Bibel gestanden? Kein Alkohol nach 21 Uhr. Zumal nicht dann, wenn du deinen Körper analysieren willst. Herr im Himmel, was bin ich doch für ein Idiot!

»Scheiße, Alter, ich müsste längst zu Hause sein. Ich hau ab.«

»Jetzt ist doch auch egal.«

»Lena bringt mich um.«

»Warum hat sie denn nicht angerufen?«

»Sie ist meine Freundin, nicht meine Mutter. Deshalb.«

»Okay, jetzt beruhig dich mal wieder. Also, zu spät bist du sowieso. Und wenn du nach Hause kommst, macht sie dich alle. Dann trink lieber noch einen und geh heim, wenn du sicher sein kannst, dass sie pennt. Dann macht sie dich erst morgen fertig.«

Dann dreht er sich wieder zu den beiden Berlinerinnen und brüllt gegen die laute Musik an. Ich wette, sie verstehen kein Wort. Ist wahrscheinlich aber auch nicht so schlimm. Im Prinzip hat er ja recht. Verloren habe ich auf jeden Fall, die Frage ist nur, wann ich mir die Strafe dafür abhole. Es ist ein lustiger Abend, die Musik ist gut, die Drinks sind schön bunt und die beiden Berlinerinnen im verschärften Flirt-Modus. Die eine hat so grüne Augen, dass ich unweigerlich an mallorquinische Keramikteller denken muss. Vielleicht bin ich aber auch einfach nur *over the top* besoffen.

Wenn es eine Regel gibt im Leben, an die ich mich wenigstens gelegentlich halte, dann daran, nicht durcheinander zu trinken. Ich habe inzwischen aufgehört, diese »Funky Bastards« zu zählen – vielleicht weil es längst egal ist, wahrscheinlich aber weil ich eh nicht mehr zählen kann. Als ich von der Toilette komme, sind die Mädels weg, und Toni hat Mühe, auf dem Barhocker seine Balance zu finden.

Später auf dem Heimweg glotzt Toni mich aus glasigen Augen an, während ich mir gerade mühsam mit einer Serviette die Mayonnaise vom Mund abwische. Wir sind die paar Meter zu der Currywurstbude an der U-Bahn-Haltestelle rübergewankt, was in unserem Zustand eine respektable Leistung war, zumal wir dabei die Straße überqueren mussten. Ich stochere in meinen Pommes rum. »Weißt du, was Lena neulich gesagt hat? Sie hat gesagt: Ich bin fett geworden.«

»Dann ist es ja gut, dass wir jetzt noch was Gesundes essen.«

Ich blicke krampfhaft auf die Uhr und versuche, meinen Blick scharf zu stellen. Irgendwie ist meinen Sehnerven der Autofokus abhandengekommen. Es ist halb vier, jedenfalls ungefähr, und ich torkel mal heim. Der Weg zum Schafott fühlt sich bei 1,8 Promille gleich ein bisschen beschwingter an.

Im Bad fällt mir mit einem gewaltigen Klirren der Zahnputzbecher runter. Na super, jetzt auch noch Scherben zusammenfegen in dem Zustand. Ich hol den Staubsauger. Nach zehn Sekunden ist Lena von dem Krawall aufgewacht und steht im Türrahmen.

»Bist du bescheuert?«

»Tut mir leid, ist halt runtergefallen.«

»Vergiss den bescheuerten Zahnputzbecher. Ey Mann, da warten wir wochenlang auf dieses Screening-Gerät, und du Vollidiot hast nichts Besseres zu tun, als dich mit Toni komplett abzuschießen? Kannst du dich nicht einmal zusammenreißen? Mir war das irre wichtig, dass dieses Ding funktioniert.«

»Du hättest mich ja anrufen können.«

»Du bist alt genug, die Uhr zu lesen. Und ich bin nicht deine Mutter.«

»Ach ja, richtig.« Ich versuche einen Hundeblick. Golden-Retriever-Welpe. »Scheiße, ja, tut mir leid. Sag mal, kannst du mir mit den Kabeln helfen? Dann können wir wenigstens noch ein paar Stunden was aufnehmen. Vielleicht hilft's ja was.«

»Was soll das denn noch bringen, du Arsch?«

Ich taumele hinüber ins Wohnzimmer, wo das mobile Schlaflabor ausgepackt auf dem Tisch liegt. Und wie ich versuche, eine dieser Elektroden auf meiner Brust zu befestigen, falle ich der Länge nach um. Lena schleift mich über den Boden in die Abstellkammer – so wie sie in Gangsterfilmen immer die Leichen wegschaffen.

»Hier kannst du deinen gottverdammten Rausch ausschlafen. Da höre ich dein Schnarchen wenigstens nicht.«

Bei dem Gerutsche über die Planken bin ich wieder ein bisschen zur Besinnung gekommen. »Du musst nett zu mir sein. Ich meine, das hören die doch am Montag alles, wenn ich das Teil zurückbringe. Und das Mikro läuft doch schon. Oh, Scheiße, ich weiß eh nicht, wie ich das Dr. Harisch erklären soll.«

Okay, wenn sie mir nicht hilft, dann verkabele ich mich eben selbst. Es ist kompliziert. So viele Strippen und Sensoren. Das eine Kabel schnürt mir fast die Luft ab. Aber das muss doch hier reingesteckt werden, verdammt. Ich stehe in der Abstellkammer, nackt bis auf die Unterhose, und halte meinen Zeigefinger, an dem so ein Clip zur Sauerstoffmessung befestigt wird, in die Luft wie E. T. Der Finger ist auch schon ganz blau angelaufen.

Wenn Lena jetzt nicht so stinksauer wäre, würde sie sich wahrscheinlich in die Hose pinkeln vor Lachen. Ich habe mich inzwischen auf die Matratze gelegt und gröle unentwegt ins Mikro. »Test, Test. Eins, zwei, drei. Test, Test.«

kapitel 12

Als ich am nächsten Morgen das erste Mal vorsichtig die Augen öffne, ist es später Mittag. Mein Schädel fühlt sich an, als hätte ich im Elefantengehege übernachtet und wäre von meinen dickhäutigen Mitbewohnern gelegentlich übersehen worden. Mein Zeigefinger ist geschwollen von diesem blöden Sauerstoff-Fühler, den ich in meinem Suffschädel noch irgendwie befestigt hatte. Ich rappel mich ganz langsam von der saumäßig unbequemen Matratze in der Abstellkammer auf und rupfe die Elektroden von meiner Brust. Vielleicht hätte ich mich dort vorher rasieren sollen – ist ja eh ziemlich angesagt gerade. Was mich noch mehr irritiert als das pochende dumpfe Dröhnen in meinem Kopf, ist die Totenstille in unserer Wohnung. Keine Musik, kein Radio, kein Gerumpel von irgendwoher.

Normalerweise hätte mich Lena zur Strafe spätestens um acht aus den Federn getrieben. Aber wahrscheinlich pennt sie selbst noch nach meiner Darbietung der letzten Nacht. Wie mit einem Bleikostüm beschwert, tappe ich ins Schlafzimmer rüber. Keine Lena. Im Gästezimmer ebenfalls Fehlanzeige, und das Wohnzimmer wirkt auch, als wäre es mal eingerichtet, aber nie bewohnt worden. Auf dem Küchentisch liegt ein Zettel: »Du hast es wirklich nicht kapiert! Glaubst du eigentlich, ich hätte diesen ganzen Kabel-Zirkus mitgemacht, wenn es nicht so ein verdammter Hoffnungsschimmer gewesen wäre? Du hast es komplett versaut. Einfach alles.«

Manchmal wird man ja wie mit einem Gongschlag plötzlich wieder nüchtern. So wie ich jetzt. Ich suche mein Handy und finde es schließlich in der Jeans von gestern Abend. Dann wähle ich Lenas Nummer. Ausgeschaltet. »Der von Ihnen gewünschte Teilnehmer ist vorübergehend nicht erreichbar.« Na super, sie hat sogar ihre Mailbox deaktiviert. Wobei: Was hätte ich ihr da auch draufquatschen sollen? So etwas wie: »Hey, tut mir leid, ich bringe das schon wieder in Ordnung«?

Keine Ahnung, wie ich aus dieser Nummer wieder rauskomme. Eigentlich sollte ich ja Übung darin haben: mit Vollgas in den Schlamassel. Aber ich hab's absolut versaut, da hat sie schon ganz recht. Und aussitzen geht diesmal wohl auch nicht. Also gehe ich erst mal unter die Dusche und bleibe so lange darunter stehen, bis es sich anfühlt, als würden mir Schwimmhäute wachsen. Am Ende bin ich aufgeweicht, aber nicht wirklich klüger.

»Scheiße, Mann, Lena ist weg.«

»Wie? Was meinst du mit weg?« Toni überreißt die Situation noch nicht ganz. Das liegt zum einen garantiert an seinem gewaltigen Hangover und daran, dass mein Anruf ihn gerade mehr oder weniger aus dem Koma hochgeschreckt hat. Zum anderen sind meine Satzfragmente wahrscheinlich wirklich nur schwer nachzuvollziehen.

Ich erzähle ihm von meinem Auftritt letzte Nacht, von dem Zettel auf dem Tisch und davon, was dieses mobile Schlaflabor mutmaßlich für Lena bedeutet hat.

»Du bist im Arsch, würde ich sagen«, sagt Toni. Für die Erkenntnis hätte ich ihn nicht anrufen müssen. Vielleicht ist er in diesem Fall auch der falsche Berater. Das letzte Mal, dass er mit einer Frau zusammengewohnt hat, liegt ungefähr sieben Jahre zurück. Und damals ist nicht sie ab und zu mal abgehauen, sondern hat ihn ungefähr alle zwei Wochen rausgeschmissen. Er hatte deswegen schon einen ziemlich guten Deal in einem schnuckeligen kleinen Hotel bei uns ums Eck ausgehandelt. Quasi Flatrate.

»Schick ihr ’ne SMS, die liest sie wenigstens, sobald sie das Handy mal wieder anmacht.«

»SMS ist die klassische Entschuldigung der Feiglinge.«

»Aber sie wird nicht rangehen, wenn du anrufst, auch wenn du deine Rufnummer unterdrückst. Die ist ja nicht blöd. Am besten wartest du jetzt erst einmal ab, wie lange sie wegbleibt. Wenn sie heute Abend zum ›Tatort‹ noch nicht da ist, dann kannst du immer noch anfangen, dir Sorgen zu machen. Wahrscheinlich ist sie nur bei einer Freundin, trinkt eine Chai-Latte und stopft zuckerfreie Kekse in sich rein.«

Lena hasst den »Tatort«. Damit geht’s schon mal los, aber was frage ich auch einen Pseudo-Griechen? Bei Konflikten gehen diese Jungs zu Mami und lassen sich mit Moussaka und einem starken Mokka bekochen. Und später bringt die Mama alles wieder in Ordnung, weil sie schließlich möglichst bald eine Schwiegertochter will und mindestens vier Enkel.

Ich gehe ins Schlafzimmer und schaue im Kleiderschrank nach, wie viele Klamotten fehlen, gelange aber recht bald zu der Erkenntnis, dass ich nicht mal bemerke, wenn Lena sich ein neues Kleid gekauft hat. Wie soll ich also feststellen, welche Klamotten fehlen? Stattdessen fange ich an, mich wie ein Maulwurf durch den Einbauschrank im Flur zu wühlen, wo wir unsere Taschen aufbewahren. Sollte sie wirklich abgehauen sein, erkennt man an der Größe der Reisetasche am ehesten das Ausmaß des Desasters.

Es fehlt der große Reisekoffer. Kein gutes Zeichen.

Um acht Uhr abends ist Lena immer noch nicht daheim. Ich hab's ungefähr zwanzigmal auf ihrem Handy versucht, das aber immer ausgeschaltet ist, und bin jetzt kurz davor, doch auf Tonis SMS-Vorschlag einzugehen. Auch weil mir sonst nichts Besseres einfällt. Vielleicht sollte ich Anna anrufen, Lenas Freundin. Aber bevor's so weit kommt, schaue ich doch lieber erst mal den »Tatort«.

Normalerweise sind die Münchner Krimis die großartigsten in der ganzen Reihe, aber heute bin ich irgendwie nicht in der Stimmung für den bayrisch-kroatischen Schlagabtausch. Ich wähle Annas Nummer, und dabei wird mir mächtig flau im Magen.

»Du wagst es, hier anzurufen?«

Okay, Kriegserklärung statt Begrüßung. Wenn sie nicht mal »hallo« sagt, dann weiß Anna also schon Bescheid. »Ist Lena bei dir?«

»Haben sie dir jetzt endgültig das Gehirn gestohlen? Sag mal, du hast doch einen Knall, oder? Kannst du nicht einmal irgendwas mit Verstand machen?«

Mir schwappt ein Redeschwall entgegen, gegen den ihre Tiraden bei unserer letzten Begegnung Kuschel-Charakter hatten. Anna beschimpft mich locker eine Viertelstunde lang, ohne ein einziges Mal Luft zu holen, und es ist erstaunlich, wie man die Kernbotschaft »Du Voll-Schwachmat« rhetorisch derart raffiniert variieren kann.

»Also, wo ist sie?«

»Bei ihrer Schwester in Köln. Sie ist gleich heute Morgen losgefahren, als du noch in deinem Delirium gelegen bist. Und bevor du fragst – ja, sie hat auch dein Auto mitgenommen.«

Komisch, dass ich mich zuerst frage, wie sie wohl diesen monströsen Koffer in dem Auto untergebracht hat. Na ja, wird ihn halt auf dem Beifahrersitz festgeschnallt haben. Sie ist also bei ihrer Schwester. Das einzige Familienmitglied, dem ich noch nie persönlich begegnet bin. Und die mich bekanntermaßen immer schon für einen Quadrat-Arsch hält.

Das Problem ist ja nicht nur, dass die Schwester sofort auflegen würde, wenn ich sie anriefe. Das eigentliche Problem setzt noch davor an: Ich habe gar nicht ihre Nummer. Ich könnte bei Lenas Eltern nachfragen, die sind sicher seit heute Morgen im Bilde. In Lenas Familie gibt es immer gleich eine Telefonkette, wenn einer nur Durchfall hat. Wahrscheinlich versammeln sich schon bald alle in Köln zum großen Familienrat.

Ich setze mich aufs Sofa und gieße mir als Denkhilfe ein Glas Whiskey ein. Was für ein Wahnsinn: Da wohnen wir jetzt gerade mal eine Woche zusammen, und schon ist meine Freundin ausgezogen. Das liest sich als Bilanz ähnlich erschütternd wie der Geschäftsbericht des Karstadt-Quelle-Konzerns.

Dr. Harisch bemüht sich erst gar nicht, sich das Lachen zu verkneifen, als ich ihm erzähle, was passiert ist. Was soll ich groß versuchen, mein Malheur vor ihm zu verschweigen? Er schüttelt bei jedem kleinen Detail immer wieder den Kopf und grinst dabei, als hätte er ein ganzes Blech Schwarzer-Afghane-Cookies zu Mittag gegessen. »Da sitzen Sie ja ganz schön in der ... wie soll ich sagen?«

»Ich weiß schon, was Sie sagen wollen. Sie müssen mir da jetzt raushelfen.«

»Soll ich Ihre Freundin anrufen? Das gehört eigentlich nicht zu unserem Service-Angebot.«

»Nee, reden hilft jetzt auch nicht mehr. Jetzt gibt's nur noch Action. Schnippeln, verstehen Sie? Skalpell. Passen Sie auf, ich hab mir was überlegt. Ich geh jetzt ins Krankenhaus und lass mich sofort operieren. Nase, Rachen, irgendwas. Meine Freundin glaubt, ich würde unser Problem zu sehr auf die leichte Schulter nehmen. Ich muss jetzt ein Zeichen setzen! Auch, wenn's weh tut.«

Er schüttelt den Kopf und setzt zu einem etwa fünfminütigen Warnmonolog an. »Sie wissen schon, was der Begriff irreversibel gerade in der Medizin bedeutet, oder? Was einmal abgeschnitten ist, bleibt ab.«

»Mir völlig wurscht. Ich meine es echt ernst.« Ich flehe ihn an: »Sie kennen doch die ganzen Ärzte hier in den Krankenhäusern. Können Sie nicht mal kurz rumtelefonieren, ob's noch irgendwo ein freies Bett gibt? Ich kann in zwei Stunden da sein.«

»Als Ihr HNO-Arzt kann ich Ihnen von einer derart überstürzten Entscheidung nur abraten. Aber wäre ich Ihr Familientherapeut, würde ich sagen: Respekt und Donnerwetter!«

Dr. Harisch schüttelt immer noch den Kopf, hat aber längst eingesehen, dass er mit Vernunft bei mir nicht mehr weiterkommt. Gegen jede ärztliche Überzeugung nimmt er jetzt den Telefonhörer und erkundigt sich bei den Kollegen nach freien OP-Terminen. Fünf Minuten später ist der dritte Anruf erfolgreich. »Sie kennen die Eisenstein-Klinik? Melden Sie sich bitte morgen früh bei Dr. Pichler. Und seien Sie bitte nüchtern. Ich meine das übrigens im Sinne von: Frühstücken Sie nicht.«

Seine Model-Assistentin druckt mir einen Überweisungsschein aus, und ich trete in einer seltsamen Stimmung den Heimweg an: irgendwas zwischen »Letzte Ausfahrt Romantikhotel« und dem Gefühl, im Kolosseum den Löwen zum Fraß vorgesetzt zu werden.

»Hast du 'nen Sockenschuss?!«, fragt Toni, als ich ihn anrufe und frage, ob er mich morgen früh ins Krankenhaus fahren kann. »Du hast keinen blassen Schimmer, was genau dein Problem ist, und lässt an dir rumschnippeln?«

»Was soll ich denn machen? Lena ist nicht die Sorte Frau, der du ein neues Paar Schuhe kaufst und alles ist wieder super.«

»Hast du ihr schon eine SMS geschrieben?«

»Scheiß doch auf deine SMS. Was soll ich denn da reinschreiben? Dutsi, Dutsi? Oder: Hard to say I'm sorry?«

»Alter«, sagt Toni. Auch keine befriedigende Antwort auf meine Frage.

Zu Hause packe ich den Bademantel ein, den ich neulich mal auf einer Dienstreise aus einem Hotel habe mitgehen lassen, zwei Handtücher, paar T-Shirts, Socken, Unterhosen, iPod. Und meinen Kuscheltier-Eisbär. Dann scanne ich die Überweisung von Dr. Harisch ein und hänge sie als PDF-Datei an die E-Mail, die ich Lena schreibe. Dazu: »Falls du dich fragen solltest, wo *ich* bin.«

Kleine Worte, großes Drama.

Als Toni mich an der Eisenstein-Klinik absetzt, ist mein erster Gedanke: Hoffentlich haben sie meine One-Night-Stand-Nina nicht auf die HNO-Station versetzt. Um ehrlich zu sein, ist mir kotzübel, aber ich grinse Toni zum Abschied dämlich an. In seinem pornoverseuchten Hirn klingt Krankenhaus ja immer nur nach notgeiler Krankenschwester mit Brille und wildem Sex im Einzelzimmer. Also irgendwie super. Jetzt aber schüttelt auch er nur den Kopf. Und sagt: »Alter.«

Dr. Pichler ist ein smarter Typ, blond und mit Seitenscheitel, er sieht ein bisschen aus wie die Männer im Peek-&-Cloppenburg-Katalog.

»Was kann ich für Sie tun?«

Meine Beziehung retten? Ich sage: »Ich schnarche. Wäre schön, wenn das aufhört. Was steht denn in Dr. Harischs Überweisung?«

»Nasenkorrektur und Erweiterung der Atemwege. Wollen Sie noch den medizinischen Fachbegriff?«

»Nicht nötig.«

»Also, wir werden Sie jetzt aufnehmen und das Krankheitsbild besprechen, die sogenannte Anamnese. Dann Ihre Krankenhistorie beleuchten, ähnliche Fälle in der Familie. Alles Routine. Später werden wir Sie noch röntgen, und dann geht's morgen früh unters Messer.«

Als Kassenpatient ohne Zusatzversicherung hast du nicht besonders viel zu lachen in einem Krankenhaus. Die Stationsschwester sagt etwas wie: Glückwunsch, wir haben ein Dreier-Zimmer für Sie. Ich fürchte, sie meint das ernst mit dem Glückwunsch. Auf diesen Krankenhaushumor muss ich mich erst noch einswitchen, so viel steht fest. Normalerweise liebe ich nichts so sehr wie Mediziner-Geschichten. Das sind immer die unterhaltsamsten Abendessen, wenn du bei Leuten eingeladen bist, von denen du die meisten nicht kennst, und ein Notfallchirurg sitzt mit am Tisch.

Wenn man ehrlich ist, sind die meisten Geschichten natürlich so eine Art *urban legend* wie die berühmte Spinne in der Yucca-Palme. Aber selbst wenn sie nicht stimmen, sind sie sehr unterhaltsam. Die Storys kennt im Prinzip jeder: die von dem Typen, der die Cola-Flasche wegen des Unterdrucks nicht mehr aus dem Po bekommen hat. Oder von der Frau, bei der ein Hamster im intimsten Körperbereich hängen geblieben ist. Die beste Legende aber ist die von dem Kerl, der im Batman-Kostüm vom Schrank gesprungen ist und sich dabei beide Beine gebrochen hat. Und als die Ambulanz eintrifft, ist seine Freundin nackt und mit Armen und Füßen ans Bett gefesselt. Ich kenne drei Ärzte aus unterschiedlichen Krankenhäusern – und bei allen war dieser Fall auf dem OP-Tisch.

Das Zimmer ist blassblau gestrichen, paar Alibi-Pflänzchen auf der Fensterbank. Ich komme mir vor wie im Aquarium. Zwei übergewichtige Kerle liegen in ihrem HNO-Bett und schauen irgendeine Krawall-Talkshow im Privatfernsehen. In meinem Kopf beginnt es zu rattern: »Snoring Farm«, denke ich.

Der eine heißt Franz und ist Kundenberater bei der Sparkasse. Der andere ist der Harry und arbeitet auf dem Bau und manchmal schwarz was nebenher. Und ich denke, hätte ich den früher kennengelernt, wäre unser Umzug samt Renovierung bestimmt schneller und billiger geworden.

Gestern Abend habe ich noch in Lenas Schnarchbuch ein bisschen rumgeblättert. Der Autor hat sich große Mühe gegeben, auf einer Doppelseite sämtliche Operationsmethoden hübsch in Tabellenform zusammenzustellen. Es las sich wie die Speisekarte eines Blutsaugers.

Unter anderem stand dort ganz schlicht aufbereitet, aber ausreichend Furcht einflößend: »UPPP – Beschneidung von Uvula, Gaumen und Rachenwand – gegen primäres Schnarchen (also das, was ich habe): recht schwerer Eingriff, Nebenwirkungen möglich, nicht immer erfolgreich«. Mit anderen Worten: Können wir von der

Liste streichen. Außerdem klingt Uvula irgendwie unanständig, auch wenn's nur die medizinisch korrekte Bezeichnung für das Gaumenzäpfchen ist.

»Tonsillektomie – Entfernung oder Verkleinerung der Gaumenmandeln.« Tut wahrscheinlich nicht so arg weh, ist aber offenbar eher was für Kinder.

»Septumoperation – Begradigung der Nasenscheidewand – gegen primäres Schnarchen bei extrem gekrümmter Nasenscheidewand: nur sinnvoll, wenn behinderte Nasenatmung der Schnarchauslöser ist.« Bingo, dachte ich, das klingt doch gar nicht schlecht. Dumm nur, dass wir durch meinen idiotischen Voll-Absturz leider nicht so ganz sicher sein können, was bei mir nun wirklich der sogenannte Schnarchauslöser ist.

Dr. Pichler ist mit der Anamnese fertig. Ich habe ihm von meinen Großeltern erzählt, die sich nachts so zäh mit ihrer Sägerei duellierten wie zwei spanische Grundlinien-Spieler im Tennis. *Rrrchhht – uff – rrrchhht – uff – rrrchhht – uff*, so ging das immer hin und her. Ansonsten: keine erblich bedingten Auffälligkeiten.

Er betrachtet die Röntgenaufnahmen und wiegt den Kopf hin und her. »Im Grunde müssen Sie selbst entscheiden, was wir Ihnen Gutes tun dürfen. Im Prinzip gibt es ja zwei Ansätze: Wir können im Rachenraum das Zäpfchen kürzen und das Gaumensegel beschneiden. Und dann können wir uns natürlich Ihrer Nase widmen. Die ist zwar seit Ihrer letzten Operation schon einigermaßen gerade, aber es kann sicher nicht schaden, die Nebenhöhlen zu bearbeiten. Und wir können die Nasenflügel zusätzlich stabilisieren. Wir bauen Ihnen da ein kleines Stück Knorpel ein. Das spüren Sie gar nicht, aber es wird helfen, dass die Nasenflügel beim Atmen nicht so leicht zusammenfallen.«

Das Szenario, das ich mir angesichts dieses Maßnahmenkatalogs ausmale, ist ziemlich Stephen-King-mäßig. »Das wäre aber ein ziemlich umfangreiches Reparaturprogramm. Ist das so eine Viel-hilft-auch-viel-Sache?«

»Lassen Sie mich ehrlich sein. So richtig angenehm würde das nicht für Sie. Wenn wir die Nase operieren, setzen wir Ihnen hinterher Tamponaden ein. Das heißt, Sie sind fortan gezwungen, durch den Mund zu atmen. Allerdings wird Ihr Rachen vernarbt und wund sein.«

»Schmerzen?«

Dr. Pichler nickt. »Schmerzen.«

»Große Schmerzen?«

»Immer eine Frage, wie empfindlich Sie sind. Aber für ein paar Tage wird das sicher recht unangenehm.«

»Dann belassen wir's doch bei der Nase. Das kann ich meiner Freundin genauso gut verkaufen.«

Dr. Pichler fragt, ob mir eine örtliche Betäubung reicht. »Und ich krieg dann alles mit, wie Sie in meiner Nase rumfummeln? Nee danke. Sind manche Leute echt bereit zu so was?«

»Es gibt sogar welche, die lassen so eine Operation mehr oder weniger ambulant machen.«

Es gibt auch Leute, die im Schlachthof arbeiten, denke ich. Als er gegangen ist, mache ich es mir in meinem Bett bequem. Ich ziehe den neuen Pyjama an, den ich mir feierlich für diesen Anlass gekauft habe, und baue meinen Laptop auf dem rollenden Nachttisch auf.

Franz und Harry vergnügen sich derweil mit einer dieser Gerichtsshows, für die man eigentlich GEZ-Gebühren zurückkriegen müsste, auch wenn die bei den Privaten laufen. Zum Glück habe ich mein eigenes Programm auf dem tragbaren Rechner. Gerade als ich die dritte »Seinfeld«-Folge gesehen habe, kommt der Chefarzt mit einem Tross Medizin-Studentinnen rein. Er stellt sich an mein Bett und nimmt das Kärtchen, das am Fußende hängt, in die Hand: »So, was haben wir denn hier? Ah, ein Schnarcher.«

Ich spüre, wie sich mein Gesicht rot einfärbt.

Professor Wolfram nickt mir zu, dann sagt er: »Und Sie wollen also Ihre Nase operieren lassen? Junger Mann, ich fürchte, das wird nicht reichen.«

»Wieso sollte das nicht reichen?«

»Wenn Sie Ihr Schnarchen loswerden wollen, müssen Sie schon das ganze Gedeck nehmen. Hat Ihnen Dr. Pichler das nicht gesagt?«

»Er hat so was angedeutet.«

Das ganze Gedeck. So reden also Chefärzte, wenn Studentinnen an ihren Lippen kleben wie Groupies. Ich versuche mich zu beruhigen: Der macht doch nur einen auf dicke Eier. Professor Wolfram dreht sich schon wieder um – Kassenpatient und jetzt schon vier Minuten investiert. Im Gehen sagt er: »Überlegen Sie sich das noch mal. Wenn Sie nur die Nase machen lassen, sehen wir uns garantiert wieder.«

Die Nacht ist die Hölle. Franz und Harry schnarchen so laut, dass ich fürchte, mir läuft gleich noch das Blut zu den Ohren raus. Das muss man ihnen lassen: Sie haben meine schlimmsten Befürchtungen grausam getoppt. Die Latte lag echt hoch, aber diese beiden sind locker drüber hinweggehüpft.

Am nächsten Morgen bin ich so fix und fertig vor Müdigkeit, dass ich eigentlich gar keine Betäubung mehr bräuchte. Schwester Hildegard hat mir das grüne OP-Leibchen hingelegt, und wenig später kommt die Anästhesistin. Mir ist mulmig zumute wegen der Operation, um ganz ehrlich zu sein, schon allein wegen dieser Narkosespritze. Ich muss an Lena denken und werde aus gegebenem Anlass gleich mal so richtig pathetisch: In Ordnung, denke ich gramgebeugt, sie hat monatelang für unsere Liebe gelitten, jetzt bin ich halt dran. Hoffentlich hat sie wenigstens meine E-Mail gelesen.

Im nächsten Moment bin ich auch schon komplett ausgeknockt.

Als ich wieder zu mir komme, lächelt mich ein vertrautes Gesicht an. Lena hat meine E-Mail also tatsächlich bekommen, wenn auch mit einem knappen Tag Verspätung. Zwar hatte sie sofort ihre Klamotten gepackt und wollte los, aber ihre Schwester hielt sie zurück. Von wegen, das wäre ja wohl ein superbilliges und so leicht zu durchschauendes Manöver von diesem Arsch. Ich glaube, als Gott die Empathie verteilt hat, war Lenas Schwester gerade mal für kleine Mädchen.

»Wie geht's dir?«

Wie soll es einem gehen, der zwei Silikon-Tampons in der Nase stecken hat und noch so betäubt ist von der Narkose, dass er kaum die Augen aufhalten kann? »Passt schon. Ist es okay, wenn ich noch ein bisschen schlafe?«

Lena bleibt noch ein paar Stunden neben meinem Bett sitzen und unterhält sich glänzend mit Franz und Harry. Als ich wieder wach bin, beugt sie sich zu mir runter; ihr Haar fällt in mein Gesicht, und sie gibt mir einen langen Kuss. Meine Nase fühlt sich an wie ein Rüssel, mein Mund ist trockener als die Berge in Äthiopien. Aber ich würde sagen, diese Versöhnung hier war es absolut wert.

»Brauchst du irgendwas von zu Hause?«

»Nö, hab ja alles hier. Aber du könntest mir morgen vielleicht ein paar Früchte mitbringen. Frische Ananas vom Viktualienmarkt vielleicht und süße Melonen. Am besten in kleine Würfel geschnitten.« Oh, wie wunderbar sich das anfühlt, hier im Krankenbett bemitleidet zu werden.

»Aber das hättest du echt nicht machen müssen. Wir hätten doch erst mal in Ruhe drüber reden können.«

Ich denke: Wie denn, wenn du nicht ans Telefon gehst? »Ist schon okay«, ächze ich mitleiderregend, »wirklich.« Und dann drehe ich mich auf die Seite. »Sorry, ich bin echt noch müde.«

Als Lena schließlich nach Hause gegangen ist, richte ich das Kopfteil meines Bettes auf, krame die Kopfhörer raus und fahre den Laptop hoch. Couchpotatoe-Abend in der Eisenstein-Klinik. Nur blöd, dass ich die Schwester jetzt schlecht nach einem Bier und einer Dose Wasabi-Nüsse fragen kann. Bevor ich wirklich müde werde und mich zum Schlafen lege, sehe ich mir noch die »Seinfeld«-Episode an, in der Kramer einen Highway adoptiert und am Ende diesen fetten Briefträger aus Larrys Nachbar-Wohnung samt dessen US-Postal-Wagen in die Luft jagt. Die größte Folge aller Zeiten.

Schon in der Früh steht Lena wieder an meinem Bett. Sie hat eine riesige Tupperdose mit Ananas- und Melonen-Stückchen mitgebracht. Mein blonder Engel. »Tut's noch sehr weh?«

»Ja, die Nase schon ein bisschen, und das Ganze drückt auch irgendwie auf den Kopf.« Ich glaube, es macht einen noch besseren Eindruck, wenn ich mir jetzt eine 600er-Ibuprofen einwerfe. »Kannst du noch bis zur Visite bleiben? Dann können wir mit dem Arzt reden, wann ich endlich hier rauskomme.«

»Ich hab mir eh die ganze Woche Urlaub genommen. So lange wollte ich ja eigentlich in Köln bleiben.«

Lenas Schwester hat ihr geraten, sich jetzt schnell von mir zu trennen, solange die alte Wohnung noch nicht weitervermietet ist. Und dazu Sachen gesagt wie: Wie stellst du dir dein Leben denn vor mit einem Typen, der dich jede Nacht um deinen Schlaf bringt? Die Fernattacke in meine Richtung wurde nur gelegentlich unterbrochen von Lenas Eltern, die sich so etwa alle zehn Minuten nach ihrem Befinden erkundigten. Wenn ich das alles richtig interpretiere, habe ich die ganze Familie gegen mich aufgebracht.

»Weißt du, was mein Vater gemacht hat?«

»Lass mich raten – er hat gesagt, du sollst mich betäuben und im Wald aussetzen?«

»Im Gegenteil. Er ist heute Morgen um sieben in den Zug nach München gestiegen, um dich hier im Krankenhaus zu besuchen. Ehrlich gesagt war er der Einzige, der noch zu dir gehalten hat.«

»Wieso das?«

»Er mag dich. Damit wären wir in unserer Familie schon mal zu zweit. Wahrscheinlich hat es ihm imponiert, dass du nach der Grappa-Orgie bei unserem Besuch nicht das ganze Klo vollgekotzt hast.«

»Spitze. Aber was will er hier?«

»Für dich da sein? Dir Gesellschaft leisten? Und dich zu Hause bekochen? So was in der Art. Und so ganz nebenbei will er wohl mit dem Chefarzt mal von Professor zu Professor über deine Heilungsaussichten reden.«

»Den Chefarzt werden wir hier sicher nicht mehr zu sehen kriegen. Was glaubst du, weshalb ich hier mit Franz und Harry liege? Kas-sen-pa-tient!«

Wie aufs Stichwort schwingt die Tür auf und Dr. Pichler kommt rein. Er kümmert sich erst um die beiden anderen, dann kommt er zu mir. »Sie sehen ja wieder richtig fit aus«, sagt er. Spitzenlaune. »Lassen Sie mal Ihre Nase anschauen.«

»Können Sie da überhaupt was sehen außer Tampons?«

»Die werden wir nachher mal rausziehen. Am besten vor dem Essen, damit Ihnen nicht noch schlecht wird.«

»Steht das zu befürchten?«

»Na ja. Wir verwenden zwar seit einigen Jahren schon mit Silikon überzogene Tamponaden, aber es ist gut möglich, dass da alles verkrustet ist in Ihrer Nase. Und wenn ich die rausziehe, kann das manchmal auch ein ziemlich übles Blutbad geben.«

»Mahlzeit«, sagt Lena.

»Wir sehen uns dann später«, sagt Dr. Pichler, »ich lasse Sie von der Schwester rufen.«

Er ist schon fast an der Tür, als Lena fragt: »Bevor Sie gehen, noch eine kurze Frage. Wann ist er denn ungefähr so weit, dass er nicht mehr schnarcht?«

»Schwer zu sagen. Wahrscheinlich gar nicht. Professor Wolfram hat Ihnen das doch schon alles erklärt, oder? Dafür hätten Sie eben das große Gedeck nehmen müssen.« Er öffnet die Tür und lächelt. »Also, bis später.«

Lenas Gesichtsfarbe wechselt von Kreidebleich auf Wutrot und wieder zurück. Wie bei einer Ampel. »Sag bitte, dass das nicht wahr ist. Sag es!!!«

kapitel 13

Mein Gesicht besteht im Prinzip nur noch aus Nase. Es ist alles geschwollen. Ich trage so eine Schlaufe aus Mullgebinde darunter und muss gelegentlich Coldpacks aus dem Tiefkühlfach holen und in meinen Nacken legen, um die immer wiederkehrenden Blutungen zu stoppen. Jede Stunde creme ich eine Salbe in die Nase, die Binde wird dreimal am Tag gewechselt. Es sieht nicht gerade appetitlich aus. Es war nicht das befürchtete Blutbad, als Dr. Pichler die beiden Tamponaden rausgezogen hat, aber eklig war's schon. Und wann immer ich denke, mein Kopf explodiert, schmeiße ich eine 600er-Ibuprofen ein. Seit einer Woche bin ich jetzt aus der Klinik raus und schnarche lauter und schrecklicher als je zuvor. Vielleicht liegt es ja nur an der geschwollenen Nase – vielleicht aber auch daran, dass ich nur das kleine Gedeck genommen habe. Ich mag gar nicht darüber nachdenken.

Lenas Vater ist nur zwei Tage geblieben, in denen er für uns vorgekocht hatte, bis uns die Gefrierdosen ausgingen. Und er hat sich mit dem Chefarzt über das große Gedeck unterhalten. Vielleicht weicht deshalb Lenas Mitleid täglich mehr der Skepsis über die Sinnhaftigkeit der Operation. Am Anfang hat sie mir noch Suppe gekocht und Tee, sie kam mittags fürsorglich von der Arbeit heim, um nach mir zu sehen. Inzwischen überlässt sie mich täglich mehr meinem Schicksal.

Wahrscheinlich ist dies ein guter Zeitpunkt, mal ein paar Dinge grundsätzlich in Frage zu stellen. Meinen Lebenswandel zum Beispiel. Seit ich aus der Klinik zurück bin, habe ich noch keine einzige Zigarette geraucht. Ich wäre mir aber auch vorgekommen wie ein Junkie. Mullschlaufe unter der Nase und brennende Kippe im Mundwinkel, ist doch peinlich so was. Selbst wenn's keiner sieht.

Man sagt ja, dass die körperlichen Entzugssymptome in der Raucherentwöhnung schon nach ein paar Tagen überstanden sind. Der Rest ist dann angeblich Kopfsache. Kopfsache ist immer schwierig bei mir. Aber um zu merken, dass jetzt der richtige Zeitpunkt ist, endlich mit dem Rauchen aufzuhören, dafür reicht's gerade noch. Also neue Nase – neues Leben.

»Weißt du, was ich beschlossen habe?«

Lena trägt so einen Woher-soll-ich-das-wissen-Blick im Gesicht.

»Also, ab jetzt gibt es das brutale Entgiftungsprogramm. Keine Zigaretten mehr, kein Alkohol. Clean living von A bis Z. Und zum Frühstück Müsli statt Sesam-Semmeln.«

»Und was soll das bringen?«

»Hast du doch alles in deinem Buch gelesen, und Dr. Pichler hat das ja auch noch mal gesagt. Ich muss einfach alle Schnarch-Faktoren beseitigen, auf die ich selbst Einfluss habe. Vielleicht sollten wir auch mal ein paar Wochen auf Fleisch verzichten, was meinst du?«

»Vielleicht solltest du einfach dein Gaumensegel operieren lassen, sobald du wieder richtig Luft durch die Nase kriegst.«

Lena ist im Moment wohl nicht die optimale Gesprächspartnerin, um Visionen für ein besseres Leben zu entwickeln. Seit Dr. Pichler in ihrem Beisein auf seinen Chefarzt und dessen großes Gedeck hingewiesen hat, ist sie einigermaßen desillusioniert. Ich glaube, meine Nasen-Operation hat sie längst als das entlarvt, was sie war: ein symbolisches PR-Spektakel in eigener Sache.

Die nächsten Wochen gehen so dahin, die Nase wird kleiner, der Geräuschpegel leider nicht. Ich gehe jetzt jeden Morgen in den Isar-Auen zum Joggen wie ein Mann in der Midlife-Crisis. Oder gibt es etwa einen anderen Grund, warum die meisten Typen mit 40 Jahren plötzlich das Laufen anfangen? Einstweilen finde ich das alles ziemlich deprimierend. Erstens macht mir Laufen eigentlich nur dann Spaß, wenn ein Ball dabei ist. Zweitens nervt es mich, dass ich regelmäßig von frustrierten Single-Frauen überholt werde, die sich in erstaunlich raffiniert abgestimmten Outfits für ihren imaginären Traumprinzen fit halten. Als Trost denke ich an Joschka Fischer, von dem es heißt, dass er anfangs kaum eine Runde ums Kanzleramt spazieren konnte, ohne dass ihm die Puste ausging. Und später ist er den New Yorker Marathon gelaufen.

Das mit dem Fleischverzicht haben mir meine Freunde beim Schnitzelessen schnell wieder ausgetrieben. Ich saß mit einem Salat neben Lena, Toni und seiner neuesten Zwei-Tages-Beziehung und fürchtete insgeheim, es könnte jemand bemerken, wie mir der Sabber aus dem Mund läuft, während ich so auf ihre Teller starrte. Aber das mit dem Trinken habe ich ganz gut im Griff. Es ist Frühling, da kommen frische Fruchtsäfte eh ganz gut. Und außerdem glaube ich an einen inneren Zusammenhang von Suff und Nikotinkonsum. Einmal richtig betrunken, hätte ich garantiert wieder eine Fluppe im Mundwinkel. Geht gar nicht anders.

Dass ich längst vier Kilo abgenommen habe, hat Lena übrigens nicht einmal ignoriert. Der ästhetische Mehrwert, der sich daraus ergibt, kann die absolute Hoffnungslosigkeit, was mein Schnarchen angeht, nicht so leicht kompensieren.

Ich denke, es ist höchste Zeit für ein bisschen Luftveränderung. Das trübe Frühlingswetter trägt auch nicht gerade zu besserer Laune bei. Wir schlendern den Viktualienmarkt entlang und kommen auf dem Heimweg an diesem »L'tur«-Laden vorbei. Im Schaufenster hängen ein paar Plakate, die »billig, billig« brüllen, und auf einem Monitor flimmern die aktuellen Top-Angebote für Last-Minute-Reisen.

»Ob dein Chef was dagegen hat, wenn du ein paar Tage Urlaub machst?«

»Wahrscheinlich nicht. Wo willst du denn hin?«

»Keine Ahnung, irgendwohin, wo garantiert die Sonne scheint und sie uns noch garantierter den Hintern nachtragen. Du brauchst Erholung, das seh ich ein. Und ich zahl auch.«

»Verursacher-Prinzip, ja?«

Lena ruft ihren Boss an. Zwei Minuten später stehen wir vor einer Reisekauffrau, die sich zwecks *corporate identity* leider barbiepuppenpink kleiden muss. Sie schwärmt uns vom Ritz-Carlton-Resort in Sharm-El-Sheik vor. Ritz Carlton – das klingt in meinen Ohren nach unbezahlbar. Als sie uns dann den Tarif für eine Woche inklusive Halbpension nennt, frage ich sie, ob sie auch wirklich *das* Ritz Carlton meint. Das Angebot ist günstiger als eine Woche in irgendeinem Drei-Sterne-Hotel auf Mallorca. Dann denke ich: Na siehste, da hat al-Qaida doch auch ihre guten Seiten, wenn dermaßen die Preise purzeln.

Lena sieht sehr zufrieden aus.

Das Hotel ist ein Traum. Vielleicht ein bisschen kitschig und dick aufgetragen dieser 1001-Nacht-Stil, aber Hauptsache, es ist exakt das, was wir gebucht haben. Sie werden uns den Hintern nachtragen, dafür musst du hier einfach nur den Butler anrufen. Und falls dein Hintern mal zu schwer ist, fahren sie ihn in einem Golfcart durch die Anlage.

Unser Zimmer ist nur unwesentlich kleiner als meine alte Wohnung, das Bad aus handgebürstetem Marmor, schwere braune Vorhänge an den Fenstern. Und irgendwie habe ich das Gefühl, sie wechseln unsere Bettwäsche sogar zweimal am Tag. Vielleicht denken sie ja, das ist bei einem jungen Paar nötig.

Nach dem Essen sitzen wir noch kurz an der Bar. Ich drücke meine Zigarette aus, unsere Drinks lassen wir aufs Zimmer schreiben. Was ich nicht ganz bedacht hatte: Urlaub und *clean living* gehen bei mir doch nicht so richtig zusammen. Kopfsache halt. Ich habe gelebt wie ein Asket, und auch wenn es gerade modern ist und sogar von erfolgreichen Managern praktiziert wird – Spaß gemacht hat es nicht. Vor allem: Der Effekt war gleich null.

In der Mitte unseres Zimmers thront ein riesiges Bett mit doppelter Matratze. Noch nie in meinem Leben hab ich bequemer geschlafen, ich will nie wieder aufstehen. Lena sieht das anders. Die Ohrstöpsel liegen auf ihrem Nachttisch, sie hat das Licht angemacht und ist genervter als ein Fliesen-Vertreter nach fünf Stunden Stau. Ich schaue auf die Uhr. Kurz nach zwei. »Du gehst jetzt ins Bad.« Ich bin müde, ich bin schlaftrunken, ich verstehe nicht, was sie meint. »Du gehst jetzt ins Bad und schläfst da.«

»Wie soll das denn gehen, verdammt noch mal?«

»Das Bad hat eine Fußbodenheizung, das passt schon irgendwie. Mir reicht's jetzt jedenfalls. Ich brauch meinen Schlaf.«

Ich kann selbst kaum glauben, dass ich nachgegeben habe. Ich habe das »Ritz Carlton« gebucht und liege jetzt auf dem Fußboden eines Badezimmers. Geht's eigentlich noch? Ich rappel mich auf, präpariere die Badewanne mit der Überdecke unseres riesigen Bettes und polster das Ganze noch mit den flauschigen Bademänteln und ein paar Handtüchern. Die werden ja spätestens in ein paar Stunden wieder gewechselt.

Wenigstens ist die Badewanne in einem Luxushotel entsprechend groß. In Anbetracht aller Umstände ist es hier sogar einigermaßen gemütlich, und ich bin müde genug, relativ zügig wieder einzuschlafen.

Am nächsten Morgen fühle ich mich verrenkt, als hätten sie mich per DHL-Paket nach Ägypten expediert. Mein Nacken schmerzt wie nach einem frontalen Verkehrsunfall, der Rücken fühlt sich so an, wie ich mir einen leichten Bandscheibenvorfall vorstelle. Ich kann mich kaum noch bewegen. Immerhin tue ich Lena leid. Beim Frühstück umsorgt sie mich wie eine Mutter. Sie holt mir ein Müsli vom Buffet, stellt mir einen großen Obstteller hin und sagt: »Sorry, es ging nicht anders. Aber du hättest dich mal hören sollen. Das klang, als hättest du sämtliche Palmen der Küste gerodet.«

Dieser Urlaub sollte eigentlich der Erholung dienen, wir aber verwandeln das Paradies in die Hölle. Den ganzen Tag liegen wir erschöpft am Pool rum und holen den Schlaf nach, den wir uns in der Nacht gegenseitig geraubt haben. Schlafentzug ist Folter, er kann Depressionen auslösen. Und ich glaube, bei Lena fehlt dazu nicht mehr viel. Trotz der Palmen.

Nachdem die Badewanne sich dann doch als ungeeignet erwiesen hat, suche ich nach einem neuen Ausweichquartier. Die Nacht ist warm und samtig, also schleiche ich mich aus dem Zimmer und beschließe, eine der Liegen vom Pool auf den Rasen zu ziehen, um es mir im Schutz einer Hecke gemütlich zu machen. Ich dürfte eine gute Stunde geschlafen haben, als mit einem Mal unter lautem Scheppern die Sprinkler der Bewässerungsanlage anspringen und in einer mächtigen Fontäne das Wasser in die Luft pusten wie Old Faithful im Yellowstone. Augenblicklich bin ich von oben bis unten pitschnass, und gerade als ich die Bettdecke unter den Arm klemme, kommt auch noch ein Security-Mann auf mich zu. Er spricht gebrochen englisch, vor allem aber mit Händen und Füßen. Wenn ich ihn richtig verstanden habe, dann war er kurz vor der Wasserwerfer-Attacke durch mein Schnarchen auf mich aufmerksam geworden. Jedenfalls imitiert er jetzt sehr lautstarkes Röcheln, als stünde er kurz vor dem Erstickungstod, dann blickt er mich finster an und macht so ein No-No-Zeichen mit dem Zeigefinger seiner rechten Hand.

Als ich in unser Zimmer komme, wacht Lena kurz danach vom Krawall des Föns auf. Ich sehe aus wie jemand, der beim Pantomime-Spiel die Redewendung vom »begossenen Pudel« nachstellen wollte. Lena platzt fast vor Lachen, als ich ihr erzähle, was passiert ist. Dann geht sie raus auf den Balkon. Zum Schlafen. Damit hat sie ja Erfahrung.

Am nächsten Tag spreche ich bei der Hotelmanagerin vor. Ich druckse ein bisschen rum und erzähle ihr, was mir passiert ist letzte Nacht und vor allem – warum. Sie sagt, sie hat vom Sicherheitschef schon davon gehört. Und lächelt verschmitzt dazu. Und ich frage sie mit flehentlicher Stimme, ob es nicht eine freie Suite im Hotel gebe, eine mit zwei getrennten Schlafzimmern, sie wisse schon? Sie tippt ein paar Minuten auf der Tastatur ihres Computers herum, ohne dieses Grinsen abzuschalten. »Prima, ich habe da was für Sie. Kostet allerdings 200 Dollar extra die Nacht.« Meine Knie werden ein wenig weich.

Die Suite ist natürlich der Gipfel der Dekadenz. Lena schämt sich zu Tode. »Ohne Scheiß – auch wenn ich hier niemanden kenne, will ich nicht, dass uns irgendwer sieht. Und erzähl das zu Hause bitte niemandem.«

Worauf sie sich verlassen kann. Ich denke nur: Wenn das die Zukunft unserer Urlaube ist, dann sollte ich mich demnächst mal um eine Taxi-Lizenz bemühen. Ein einziger Job reicht definitiv nicht mehr aus.

Kurz nachdem wir wieder zu Hause sind, bastelt Lena kleine Schilder, die sie neben den Türen zu unseren Schlafzimmern befestigt. »Studio A« und »Studio B« steht darauf. Damit ist mir inzwischen auch klar, dass wir selbst in einer Hundert-Quadratmeter-Wohnung keine Gäste mehr beherbergen können.

Bevor wir schlafen gehen, fragt Lena gern: »Gehen wir zu mir oder zu dir?« Jedenfalls, wenn sie überhaupt fragt. Meistens verabschiedet sie sich einfach. Sie sagt dann: »Ich geh schlafen.« Was so viel bedeutet wie: »Lass mich bloß in Ruhe und schlag dir Sex aus dem Kopf.«

Zu unserem einjährigen Beziehungsjubiläum habe ich mal wieder einen Tisch im »Harajuku« reserviert, dort, wo mal alles angefangen hat. Der romantischen Erinnerung wegen. So weit sind wir allmählich. Die Augencreme, die ich Lena heute Morgen geschenkt habe, als Erinnerung an meine früheren Schandtaten sozusagen, hat sie übrigens als Wurfgeschoss genutzt. Ich glaube, im Moment ist unser Humor ein wenig inkompatibel.

Wir sitzen beim Essen, aber irgendwie ist alles anders als vor einem Jahr. Inzwischen ist da eine Distanz entstanden. Gar nicht mal so unbedingt zwischen uns, sondern eher zwischen Lena und meiner Nase, die sie immer noch für alles Unglück der Erde verantwortlich macht. Dabei kommen die Horrorgeräusche in Wahrheit aus meinem Rachen. Aber meinen Mund küsst sie trotzdem noch. Jedenfalls gelegentlich.

»Weißt du, was ich neulich nachts mal geträumt habe? Dass ich mit dir vor dem Altar stehe und der Pfarrer mich fragt: ›Willst du den Rest deines Lebens ohne ihn aufwachen, dann antworte mit ja …‹«

»Immerhin träumst du noch von einer Hochzeit. Ich finde das ganz vielversprechend. Kommt das nicht irgendwie aus dem Unterbewusstsein?«

»Ich glaube, du denkst gar nicht darüber nach, wie sehr ich mich nach einer ganzen Nacht mit dir sehne. Danach, in deinem Arm aufzuwachen. Mal normal zu sein. Ich frag mich dauernd, warum ausgerechnet mir das passieren musste.«

»Ganz einfach – weil du an der Altpapiertonne nicht schnell genug abgehauen bist.«

Den Scherz finde ich eigentlich ganz charmant, aber da ist wieder unser Kompatibilitätsproblem.

»Hallo? Kannst du mal zuhören? Zur Abwechslung mal ernst nehmen, was ich sage? Mich kotzt das echt an, und du merkst das nicht mal. Wir leben wie Oma und Opa in zwei getrennten Zimmern und müssen uns zum Sex verabreden. Meine Freundinnen lachen schon gar nicht mehr, die machen sich nur noch Sorgen.«

Lenas Freundinnen. Zugegeben, die werden so schnell keinen Fanclub für mich gründen.

»Natürlich ist es schöner, gemeinsam einzuschlafen. Aber wusstest du eigentlich, dass immer mehr Paare in getrennten Zimmern schlafen? Und das hat nicht nur mit Schnarchen zu tun. Sie machen es freiwillig.«

Das Thema geht seit ein paar Wochen riesig durch die Presse, nachdem ein amerikanischer Sozialwissenschaftler ein Buch veröffentlicht hat, in dem er sich den Schlafgewohnheiten widmet. »Two in a Bed – The Social System Of Couple Bed Sharing«. Das geteilte Bett als soziales System, daran hätte sicher auch Niklas Luhmann seinen Spaß gehabt. Im Prinzip geht es in dem Buch darum, dass es bei anderen Leuten auch nicht so viel aufregender läuft im Bett. Wodurch ich mich am meisten bestätigt sehe: Die meisten der Befragten sagen ganz klar, sie würden allein vermutlich viel besser schlafen. Aber wer sich nicht traut, konsequent in getrennten Betten zu schlafen, kauft stattdessen ein XXL-Bett, zwei mal zwei Meter oder so, um wieder mehr Platz für sich selbst zu haben. Mit Kuscheln und engem Körperkontakt hat das auch nicht besonders viel zu tun.

In der *New York Times* stand, dass im Jahr 2015 bis zu 60 Prozent aller neu gebauten Einfamilienhäuser zwei Eltern-Schlafzimmer haben werden. Die Architekten nennen es den »flexiblen Raum«. Anscheinend wollen die meisten Bauherren und -damen lieber nicht zugeben, dass sie nicht mehr das Bett teilen. Die Schlaftrennung wird eben immer noch als Krisensymptom für eine Partnerschaft missverstanden.

In Wahrheit ist das gemeinsame Schlafzimmer nichts weiter als ein neuzeitlicher Mythos. Evolutionsbiologisch gesehen zumindest. Die längste Zeit seiner Kulturgeschichte hat der Mensch nämlich in Gruppen geschlafen, selbst im Europa des beginnenden 20. Jahrhunderts war das noch weit verbreitet. Ursprünglich haben Frauen und Männer die Nächte auch nicht Seite an Seite verbracht – weil die Frauen meistens neben dem jüngsten Kind geschlafen haben. Wenn sie überhaupt schliefen. Erst im letzten Jahrhundert ist der Mann an die Stelle des Babys getreten. Was das bedeutet, darüber möchte ich lieber erst gar nicht nachdenken.

»Ich habe gelesen, dass Frauen grundsätzlich schlechter schlafen, wenn sie neben ihrem Partner liegen. Das haben Schlafforscher in Wien rausgefunden.«

»Das heißt, ich soll dir auch noch dankbar sein, dass du mich vertreibst?«

»Das jetzt auch wieder nicht. Aber lieber schläft man alleine gut als gemeinsam schlecht, findest du nicht?«

Lena macht nicht den Eindruck, als würde sie das genauso sehen.

»Siehst du gar nicht, wie unromantisch das alles ist? Und wir können nur noch in Urlaub fahren, wenn wir ein Apartment oder eine Suite buchen. Das wird langsam teuer. Ist dir eigentlich klar, was für einen absoluten Wahnsinn ich in diesem einen Jahr mitgemacht habe? Deine ganzen bekloppten Anti-Schnarch-Spielzeuge, meine Schlaftabletten. Ich hab mich so betrunken, dass ich kaum noch meinen Namen buchstabieren konnte. Und das alles nur, damit ich neben dir liegen kann. Und dann kommst du und erzählst mir, wie super das ist, in getrennten Betten zu schlafen?«

»Ich will damit doch nur sagen, dass man es auch anders sehen kann. Wenn man möchte.«

»Das will ich aber nicht. Ganz ehrlich, ich liebe dich, und das ist der einzige Grund, warum ich überhaupt noch mit dir zusammen bin. Aber du machst mir das nicht leicht. Ich frag mich langsam, wie das alles weitergehen soll. Die nächsten dreißig, vierzig Jahre immer so wie jetzt? Nicht wirklich eine Option.«

Es war nicht der Abend dafür, es explizit auszusprechen. Aber wenn ich sie richtig verstanden habe, fehlt nicht mehr viel und wir können unsere vor einem halben Jahr bezogene Wohnung wieder auflösen.

kapitel 14

Wir können seit vierzig Jahren auf den Mond fliegen, wir können Herzen transplantieren und sogar Gesichter, alles anscheinend kein Problem. Da wird man doch irgendwas gegen das Schnarchen erfinden, oder? Kann doch nicht so schwer sein. Hallo, gibt es noch Leben da draußen in der Wissenschaft? Haaa-looo! Bitte tut endlich was. Wenn ihr wollt, könnt ihr mich auch als Snore-Test-Dummy nehmen.

Allmählich bin ich wirklich so weit, dass ich mich freiwillig als Laborratte bewerben würde, wenn einfach nur dieser fürchterliche Lärm aufhören könnte. Ich bin mir inzwischen sicher, Lena denkt ernsthaft über eine Trennung nach. Offenbar hört sie mich jetzt schon aus dem Nachbarzimmer sägen, zumindest stand sie in letzter Zeit immer öfter nachts an meinem Bett. Und das leider nicht in spontaner amouröser Absicht.

Unsere Wohnung fühlt sich neuerdings von Tag zu Tag kleiner an, beengter und scheinbar ohne Ausweichmöglichkeit. Im Fernsehen habe ich neulich einen Beitrag über einen Typen gesehen, den seine eigentlich sehr sympathische Familie in den Keller ausquartiert hatte. Er hat sich dort unten in seiner Not einen schalldichten Raum eingerichtet, so ähnlich wie ein Tonstudio. Es war ganz offensichtlich die letzte Möglichkeit, seine Ehe zu retten. Für einen Augenblick habe ich mich gefragt, wie diese Familie wohl ihre Urlaube verbringt und ob der Papa in einem Strandhotel eine Bucht weiter pennen muss. Dann dachte ich nur, Mannometer, in deutschen Kellern geht es bald genauso gruselig zu wie in österreichischen.

Lenas Attacken werden auch zunehmend subtiler. Es fing mit der Körperfettwaage an, ging weiter mit bissigen Bemerkungen, wenn ich mir beim Abendessen einen Nachtisch bestellt habe, und wurde nicht besser, als ich auf Obstler und Gauloises Blondes als Dessert umstieg. Jetzt aber hat sie richtig mies zurückgeschlagen.

Irgendwann vor ein paar Wochen muss sie mein Geschnarche nächtens mit meinem Handy aufgenommen haben. Das hat sie dann als Begrüßung für meine Mailbox installiert. Abgesehen davon, dass ich ihr diese technisch nicht ganz anspruchslose Prozedur kaum zugetraut hätte, erschreckt mich die Heimtücke dabei. Toni bestreitet immer noch vehement, dass er hinter der ganzen Sache steckt. Aber es spricht wohl auch für meinen Freundeskreis, dass mich niemand drauf aufmerksam gemacht hat. Ich habe es erst gemerkt, als ich mein Telefon nicht finden konnte und es deshalb von unserem Festnetzanschluss anrief. Bevor mich das Klingeln zu sich gelockt hatte, sprang plötzlich mein eigenes Schnarchen an.

Ich ließ mir nichts anmerken, aber die Botschaft habe ich sehr wohl verstanden.

»Setzt dich schon mal hin. Oder noch besser – deck den Tisch.«

Toni zieht die Backofenklappe nach unten und wirft einen Kennerblick ins Innere. Als ich ihn vor ein paar Stunden angerufen habe, weil ich mal diesen neuen Vietnamesen in der Hans-Sachs-Straße ausprobieren wollte, meinte er, er hat schon fürs Essen eingekauft. Und dass es genug ist für zwei und wir das Geld lieber in Drinks investieren sollten. Ich fand, das klang schlüssig.

In seinem Küchenschrank gibt es von jedem Teller nur ein einziges Exemplar. Ich frage mich, ob das ein Konzept ist, das mich intellektuell überfordert, oder einfach dem Umstand geschuldet, dass er wahrscheinlich jeden einzelnen irgendwo hat mitgehen lassen. Zu Uni-Zeiten kannte ich ein paar Leute, die aus Prinzip nur gestohlenes Besteck aus Mensa und Cafeteria in ihrer Schublade hatten. Aber Teller klauen, das stelle ich mir logistisch schon etwas schwieriger vor. Quasi Level 2.

»White Trash Chicken«, sagt Toni stolz, »das Rezept habe ich von einem Onkel aus Chicago. Die Hühnchenschlegel werden in einer Marinade aus Ketchup und Cola mindestens vier Stunden lang geschmort. Je länger, desto besser.«

Mein Magen krampft sich jetzt schon zusammen. Wir sitzen in der Küche. An der Wand hängt das Ölgemälde eines röhrenden Hirsches, daneben ein auf Postergröße aufgezogenes Foto vom Oktoberfest, das fast aussieht wie ein echter Andreas Gursky, aber von Toni stammt, der wie die meisten Werbeleute ein leidlich guter Fotograf ist.

Eigentlich wollte ich nur über eine Titelgeschichte reden, die neulich Tonis Freund Johannes fotografiert hatte, und jetzt lasse ich mich mit Cola-Hühnchen vergiften. Nun, in dieser Geschichte ging es um die komplizierte Kunst des guten Schlafs, und warum er für uns so wichtig ist. Im Prinzip, so lautete in etwa die Kernthese, macht geregelter Schlaf klug, gesund und schlank. Und schön natürlich auch noch.

Toni hat Lena diese Story dann neulich auf unseren Wohnzimmertisch gelegt. Und man kann sich vorstellen, was bei uns los ist, wenn man die Geschichte in die entgegengesetzte Richtung weiterdenkt: Nächte im Sägewerk machen dumm, krank und fett. Und hässlich natürlich.

»Sag mal, meinst du, Johannes hat wohl noch Kontakt zu diesen Schlafforschern in Freiburg, die er da porträtiert hat? Zumindest las es sich, als wüssten die, wovon sie reden.«

»Ich ruf ihn mal an.«

Toni nimmt sein Handy, wählt, erzählt Johannes die neuesten schmutzigen Geschichten, dann reicht er das Telefon weiter.

»Mit dem Chefarzt habe ich letzte Woche noch telefoniert«, sagt Johannes, »er hat nach ein paar Fotos aus der Serie gefragt, die ich ihm die Tage mal auf eine CD brennen wollte.«

»Wunderbar. Meinst du, du könntest einen Deal mit ihm machen? Alle Bilder für lau gegen zwei Nächte im Schlaflabor.«

»Die Bilder kriegt er eh für lau. Aber was soll ich denn im Schlaflabor?«

»Nicht du. Es ist für mich. Komplizierte Geschichte.«

»Ich kenne die Geschichte. Wenn du Toni was erzählst …«

»Alles klar. Dann weißt du wahrscheinlich auch, dass man normalerweise locker drei Monate auf so einen Termin wartet. Es sei denn, man hat Beziehungen. Und jetzt kommst du. Bei mir tickt langsam die Uhr runter, verstehst du? Ich muss irgendwas tun. Lena schmeißt mich noch raus, wenn das so weitergeht.«

»Aber du hast dich doch operieren lassen.«

»Schon, es hat nur leider nichts gebracht. Deshalb brauch ich jetzt auch dringend einen echten *rocket scientist*. Der größte Spezialist des Landes, drunter geht's nicht. Nobelpreis kein Nachteil.«

»Verstehe, soweit ich weiß, gehören die Leute in Freiburg zu den besten in ganz Deutschland. Das hat zumindest der Kollege gesagt, der die Geschichte geschrieben hat.«

»Perfekt. Also besorgst du mir jetzt den Termin? Und erzähl dem Professor von mir aus die ganze lächerliche Geschichte. Vielleicht hat er ja Mitleid.«

Ich lege auf. »Guter Mann, der Johannes. Ich hoffe, er ist ein bisschen diskreter als du.«

Zwei Wochen später sitzen Lena und ich in unserem Alfa und fahren ins schöne Breisgau. Mit Professor Hoffmann habe ich vor ein paar Tagen schon länger telefoniert, und er scheint ein ziemlich humorvoller Mensch zu sein. Er sagte, er hätte schon schlimmere Fälle erlebt, und selbst die hätten sie letztlich gelöst. Das hat mir Mut gemacht. Vor allem versprach er, sich ganz persönlich um mich zu kümmern. Ich bin mir nicht ganz sicher, ob mein Beruf ihn dazu bewogen hat. Oder einfach nur der Mitleidsfaktor angesichts meiner haarsträubenden Schilderungen. Vermutlich Letzteres.

Lena hat jedenfalls darauf bestanden, mich zu begleiten. Zunächst wunderte ich mich noch, dass sie sich diesen ganzen Wahnsinn antun will. Aber es war weniger die partnerschaftliche Fürsorge als ein nicht ganz unbegründetes Misstrauen.

»Ich will genau wissen, was die Ärzte sagen. Vor allem werde ich denen mal meine Version des ganzen Desasters erzählen.«

Seit meiner eher erfolglosen Nasen-Operation hat sie einen schier stalinistischen Kontrollwahn entwickelt. Sie glaubt mir einfach kein Wort mehr. Toni meinte vor unserer Abfahrt, dass man dafür ein gewisses Verständnis haben müsse. Er hat wahrscheinlich recht. Ich habe ihr verdammt viel zugemutet.

Wir melden uns an einem steinernen Pförtnerhäuschen. Professor Hoffmanns Abteilung liegt in einem kleinen Park, die ganze Klinik ist architektonisch eine kuriose Mischung aus schicker Kaserne und Kurzentrum. Auch schön: Der botanische Garten ist gleich um die Ecke. »Station für Schlafmedizin und Schlafforschung an der Abteilung für Psychiatrie und Psychotherapie der Universitätsklinik Freiburg« steht auf einem Schild. Und ich denke: Meine Güte, wie kriegen die so einen Namen rein typografisch bloß auf ihr Briefpapier?

»Klapse, auch das noch«, platzt es aus Lena heraus, als sie vor dem Schild steht. »Wenn sie dich hier nicht in die Spur kriegen, dann bleibe ich gleich da.«

»Ich finde das gar nicht so schlecht. Das könnte doch so ein *Two-in-one*-Angebot sein: Die analysieren erst meinen Schlaf und nebenbei auch noch unsere Beziehung. Ich hab echt ein gutes Gefühl hier.«

»Wenn du dein Schnarchen loswirst, brauchen wir keinen Therapeuten.«

Wir schlendern an blühenden Bäumen vorbei, dann stehen wir vor einem Neubau mit Glastür und einer Art Bullaugen-Fenster im Stockwerk darüber. »Schlaflabor« steht im Treppenhaus in schwarzer Schrift auf einem transparenten Plexiglas-Schild, das in die erste Etage weist. Es geht in den Westflügel. Auf einem kurzen Flur mit Linoleum-Boden haben sie hier fünf Einzelzimmer mit fest installierten Kameras, die Big-Brother-mäßig die ganze Nacht hindurch deinen Schlaf aufzeichnen. Jetzt ist mir doch ein wenig unwohl.

Professor Hoffmann hat kurzes dunkelgraues Haar, ein bisschen wie ein Igel, und er trägt eine runde Designer-Brille, um die ihn Felix Magath mit großer Sicherheit beneiden würde. Hoffmann ist Vorstandsmitglied der Deutschen Gesellschaft für Schlafforschung und Schlafmedizin, seine Publikationen werden auch im Ausland hoch geschätzt. Wenn uns einer helfen kann, dann er. Seine Augen blitzen lustig, als wir uns an seinen Schreibtisch setzen. »So, und Sie sind also das Opfer?«, sagt er zu Lena.

»Das können Sie wohl sagen«, antwortet Lena und legt mit einem rasanten Monolog los, der mir die Ohren klingeln lässt und in Professor Hoffmann ganz offensichtlich den Wunsch auslöst, doch mal besser Steno gelernt zu haben.

Wir sind schon mitten in der Anamnese, und nach ein paar Minuten komme sogar ich zu Wort. Professor Hoffmann möchte wissen, wie und wann wir zu Bett gehen, abendliche Essgewohnheiten, das komplette Programm. Auch einige unangenehme Fragen zu meinem Suchtverhalten bleiben mir nicht erspart: Koffein, Alkohol, Nikotin. Irgendwie war mir schon klar, dass solche Sachen zur Sprache kommen würden, so viel hatte ich in der Zwischenzeit ja gelernt. Trotzdem ist mir mein Lebenswandel hier und jetzt vor dem Professor ziemlich peinlich. So ähnlich stelle ich mir den Idioten-Test beim TÜV-Psychologen vor, nachdem dich die Polizei mit ein paar ordentlichen Wodka-Tonics im Blut aus dem Verkehr gezogen hat.

Herr Hoffmann gibt uns jetzt noch mal einige Ratschläge zum Thema Schlafhygiene, die ich im Laufe meiner nicht enden wollenden Odyssee nun schon einige Male gehört habe. Und noch während ich mich in meiner Hybris fachlich beinahe auf Augenhöhe wähne, erläutert der Professor das Programm der nächsten Tage. Er spricht von einem Elektroenzephalogramm und dem Elektrookulogramm, ach ja, ein Elektromyogramm werden sie auch noch erstellen. Ich verstehe zwar kein Wort, aber es klingt irgendwie nach Science-Fiction.

»Die Krankenschwester wird Ihnen das alles noch einmal genau erklären. Sozusagen am lebenden Objekt. Das machen wir heute Abend, wenn Sie verkabelt werden.« Und bis es so weit ist, empfiehlt er uns einen Bummel durch die bezaubernde Freiburger Altstadt. »Aber so schwer es fallen mag, halten Sie sich fern von unseren badischen Spezialitäten zum Abendessen. Die liegen Ihnen sonst wie Zement im Magen. Und Sie sollen ja gut schlafen hier.«

Am Abend empfängt uns Schwester Berta, eine nette rundliche Frau von rustikalem Humor. Sie ist ungefähr Mitte dreißig, über ihrem weißen Polohemd trägt sie ein paar bunte Hippie-Ketten, wahrscheinlich irgendwas Indisches, und zeigt mir jetzt mein Zimmer, das mit einem typischen Krankenhausbett ausgestattet ist. Hinter einer kleinen Scheibe die Infrarotkamera, zwei Stühle, ein kleiner runder Tisch, zwei Einbauschränke aus Kiefernholz. Graublauer Teppichboden. Es erinnert mich an die sogenannten Jugendzimmer, die man in den Werbebeilagen von Vorstadt-Möbelhäusern findet. Vom Fenster hat man einen hübschen Blick hinaus in den Garten mit großen alten Bäumen.

Schwester Berta schiebt einen kleinen Wagen in mein Zimmer. Darauf lauter Hightech-Zeug, vermutlich auf dem allerneuesten Stand der Medizin. Ich kann mir kaum vorstellen, dass Astronauten in einer Weltraumkapsel besser ausgestattet sind. Das »Elektroenzephalogramm« stellt meine Gehirnströme dar, erläutert die gute Berta jetzt. Elektroden, die mir jetzt an den Kopf geklebt werden, zeichnen später die Hirnaktivität auf, die danach durch den Computer grafisch in sehr viele Kurven umgesetzt wird, die sich je nach Schlafphase unterscheiden. Schwester Berta sagt: »So lassen sich Schlafstadien und Weckreaktionen am besten veranschaulichen.«

Die »Eletrookulografie« verfolgt die Bewegung der Augen, indem die elektrische Spannung zwischen zwei Elektroden gemessen wird, die sie mir gerade neben die Augen klebt. Damit stellen sie fest, wie sich meine Augäpfel während der sogenannten REM-Schlafphase bewegen.

»R. E. M. – wie die amerikanische Band?«

»Exakt. In der Medizin steht die Abkürzung für *rapid eye movement*. Im Traumschlaf bewegen sich Ihre Augen sehr schnell, auch Blutdruck und Puls gehen hoch. Etwa 20 bis 25 Prozent Ihres Schlafs verbringen Sie normalerweise in diesem Stadium. Das prüfen wir jetzt nach.«

Dann klebt sie jeweils zwei Elektroden auf meine Schienbeine und auf mein Doppelkinn – für die »Elektromyografie« –, die meine Muskelkontraktionen während der Nacht aufzeichnen. Ich glaube, es versteht sich von selbst, dass Herzfrequenz und Puls gemessen werden. Ein Fühler wird unter der Nase platziert, und der gute alte Clip für den Finger kommt auch wieder zum Einsatz. Nur dass er diesmal nicht so zwickt, weil fachgerecht angelegt. Da stehe ich also, übersät mit Pflastern und mit Elektroden verkabelt. Die Strippen verlaufen kreuz und quer über meinen Körper. Ein Gurt spannt sich über meine Brust, ein weiterer über meinen Bauch. Die Kabel laufen alle in einen Kasten rein, dessen Ausmaß mich an Siebzigerjahre-Kassettenrecorder erinnert.

Lena holt die Kamera raus und macht ein paar Fotos. Während der Verkabelung habe ich mich bemüht, ihre blöden Kommentare zu ignorieren. Sie sind dem Ernst der Sache einfach nicht angemessen. Wenn ich mich jetzt bloß vernünftig bewegen könnte, würde ich irgendetwas unternehmen, damit endlich dieses Grinsen aus ihrem Gesicht verschwindet.

»Haben Sie irgendwo einen Spiegel, Schwester Berta? Ich würde mich gern mal ansehen.«

»Gehen Sie doch mal rüber ins Badezimmer, da sollte ein Ganzkörperspiegel sein. So, und jetzt lasse ich Sie beide noch ein bisschen allein. Ich komm dann um halb elf noch mal vorbei, und dann machen Sie das Licht aus, okay?«

Ich gehe rüber ins Bad und sehe jemanden, der wie ein entfernter Verwandter ausschaut. Über und über mit Kabeln dekoriert, wie ein Christbaum, nur dass die Lichter fehlen. Ich komme mir vor wie Neo in dem Film »Matrix«. »Nicht von dieser Welt«, sage ich zu Lena, als ich in den hell erleuchteten Flur zurückgehe. Sie kriegt sich immer noch kaum ein.

Wir sitzen noch eine Stunde mehr oder weniger schweigend in meinem Zimmer. Es ist ein komisches Gefühl, Mikrofone und eine Kamera in diesem Raum zu wissen, und man muss wahrscheinlich schon irgendwie so drauf sein wie diese Big-Brother-Armleuchter, um sich hier richtig unterhalten zu können. Auch wenn die Aufnahme garantiert noch nicht läuft. Lena drückt mir noch einen Kuss auf die Wange, der einzigen Stelle in meinem Gesicht, die nicht beklebt ist. Dann verschwindet sie, weil sie noch mit einer alten Kommilitonin verabredet ist. Sie überlässt mich einfach meinem Schicksal, und das wegen irgendeiner dahergelaufenen Freundin aus alten Zeiten. Ich fasse es nicht. Und denke: »Everybody hurts.«

Da liege ich im Bett, ein Buch in der Hand, und frage mich, wie zum Teufel ich bloß schlafen soll unter diesen, nun ja: Laborbedingungen. Vielleicht kann ich ja ein bisschen mit dem dicken Kasten schmusen, den ich zu meiner Rechten deponiert habe. Die nette Berta kommt noch mal kurz rein, sie lächelt und wünscht mir eine gute Nacht. Die wünsche ich mir auch.

Das Verrückte ist: Am nächsten Morgen wache ich geradezu erholt auf. Ich habe wirklich verdammt gut geschlafen in diesem Kabelsalat. Aber Schlafen war ja nie *mein* Problem. Eher das der anderen in meiner Nähe.

Um kurz vor zehn ist Lena wieder da, um mich zu einer kleinen Wanderung auf den Feldberg abzuholen. Sie ist jetzt tatsächlich bemüht, das Beste aus der ganzen Situation zu machen und den Klinikaufenthalt wie einen Kurzurlaub erscheinen zu lassen. Die Sonne scheint, wie es hier der Legende nach ohnehin üblich ist, und allmählich höre ich auch auf, in Selbstmitleid zu baden.

Es wird ein wundervoller Tag, der sich immer mehr nach Sommer anfühlt. Ich muss ein wenig an unser erstes gemeinsames Wochenende in Kitzbühel zurückdenken, alles fühlt sich so entspannt an. Das Nette ist: Wir streiten ausnahmsweise mal nicht wie die Kinder auf dem Rücksitz der Familienkutsche.

Am Abend setzt mich Lena in der Klinik ab, und Schwester Berta wiederholt noch einmal die sagenhafte Verkabelungsprozedur. Ich lege mich hin und schlafe wenig später so friedlich wie ein Baby.

Als Lena am nächsten Morgen kommt, haben wir einen Termin bei Frau Dr. Wolter, der Assistenzärztin, die mit mir, oder besser: uns, die Ergebnisse durchgehen wird, die ihr vorher ein IT-Mensch aus dem Computer ausgelesen hat. Ich bin so nervös, dass ich kaum das Frühstück runtergekriegt habe; es ist ein Gefühl wie bei der mündlichen Diplom-Prüfung, wenn dich der Professor nach dem Verhör vor die Tür schickt, um sich mit dem Beisitzer über dein Schicksal zu beraten.

Frau Wolter ist so alt wie ich, Perlohrringe, glatte reine Haut, Ärztin in der vierten Generation, schätze ich.

»Setzen sie sich.« Sie stellt uns zwei Stühle vor den Computer-Monitor, auf dem lauter wirre Graphen verlaufen. Sie erinnern mich an die Telemetrie-Daten in den Formel-1-Garagen. Und das hier hat ja auch was von Telemetrie, ohne Frage.

Dr. Wolter zeigt auf bunte Striche, die meinen Schlafverlauf darstellen; sie deutet auf Weck- und Wachphasen und deren zeitliche Länge, auf die Traumabschnitte. Ich komme mir irgendwie gläsern vor, komplett durchleuchtet in all meinen schmutzigen Fantasien.

»So weit sind Sie aber noch nicht, oder? Dass Sie auch wissen, *was* ich geträumt habe?«

»Natürlich nicht. Machen Sie sich da mal keine Sorgen.«

Der Vortrag dauert eine gute Viertelstunde, dann druckt sie das Protokoll meiner Nächte auf drei DIN-A4-Seiten aus und sagt: »Ich kann Ihnen nur gratulieren: Sie sind kerngesund, topfit, alles bestens.«

Ich bin erschüttert. Lena ist kreidebleich. Sie sagt: »Sind Sie ... ich meine, sind Sie da wirklich ganz sicher?«

Ich selbst kann erst mal gar nicht sprechen. Natürlich könnte ich mich jetzt freuen: Keine Atemaussetzer, ich werde keine von diesen Darth-Vader-Masken tragen müssen, und zumindest durch das Schnarchen werde ich vorerst nicht impotent und auch nicht noch blöder im Kopf. Aber manchmal verkleiden sich schlechte Nachrichten auch ganz linkisch als gute. Denn eigentlich will ich doch krank sein; ich will doch irgendwas haben. Himmel! Irgendwas, das man entdeckt und dann heilen kann. Ich meine, ein Befund allein lässt uns noch lange nicht nebeneinander schlafen.

»Haben Sie vielleicht irgendwas übersehen?«, frage ich vorsichtig.

Frau Wolter schüttelt den Kopf. »Allenfalls haben Sie einen Ansatz von RLS.«

»Von was?«

»Restless Legs Syndrom. Das bedeutet, dass Sie Muskelzuckungen in Ihren Beinen haben. Ruhelosigkeit. Um das zu prüfen, haben wir Sie ja auch an den Beinen verkabelt.«

»Das macht aber keinen Lärm, oder?«

»Nein, der Lärm kommt aus dem Rachen. Und Lärm ist ja auch immer relativ.«

Lena hat ihre Schockstarre überwunden. »Er macht einen verdammt großen Lärm«, sagt sie. Sie brüllt es fast.

Frau Dr. Wolter bleibt so gelassen, wie es nur Ärzte können, die unfassbare Abgründe erlebt haben. Ärzte, die quasi per du sind mit dem alltäglichen Grauen. »Hören Sie, ich kann Ihnen das auch gern mal mit Ton vorspielen. Das, was Ihr Freund da jede Nacht von sich gibt, ist allenfalls von der Lautstärke eines mittleren Lasters auf der Autobahn.« Sie macht eine kleine Pause. »Es ist noch lange kein Presslufthammer.«

Lena rutscht mit dem Hintern auf dem Stuhl hin und her, als gäbe er leichte Stromstöße ab. »Wollen Sie etwa allen Ernstes behaupten, das wäre normal? Mein Freund hat ein Problem, und zwar ein verdammt großes.«

Jetzt muss Dr. Wolter, glaube ich, sehr stark mit sich kämpfen, um ein Lachen zu unterdrücken. Sie hebt die linke Augenbraue, ohne dass es wirklich geringschätzig wirken würde. »Also, im klinischen Sinne schnarchen Sie nicht«, sagt sie. »Aber in Ordnung, ich will Ihnen mal etwas zeigen.«

Sie klickt mit der Maus all die Diagramme weg und sucht in den Untiefen der Festplatte nach einem wirklich abschreckenden Beispiel; es muss da ein ganzes Panoptikum des Schreckens auf diesem Computer liegen. Sie durchsucht ein paar Dateien, dann wird sie fündig. Auf dem Monitor erscheint die Aufnahme eines enorm dicken Mannes, der ein paar Wochen zuvor zur Untersuchung hier war. Er wälzt sich erbärmlich hin und her, minutenlang geht das, er kämpft, der Mann ringt um Luft. Bis zu 80 Sekunden lang setzt seine Atmung aus. Immer und immer wieder. In der Grafik sieht man, dass er kaum noch Sauerstoff im Blut hat. Akute Schlafapnoe.

Mir wird speiübel.

»Der da«, Dr. Wolter dreht sich zu Lena, »der hat ein Problem.«

Sie hätte vielleicht noch sagen können: Ende der Durchsage.

»Kann es sein, dass Sie vielleicht ein bisschen übersensibel sind?«

Genau so einen Satz haben wir gebraucht. Lena ist schlagartig knallrot im Gesicht. Vor Wut. Vor Verzweiflung. Tränen in den Augen. Sie steht auf und läuft aus dem Besprechungszimmer.

Ich bedanke mich noch kurz bei Frau Dr. Wolter, die wirklich nichts für diese Situation kann, dann packe ich die drei Blätter zusammen und laufe so schnell wie möglich hinter Lena her. Leider ist sie nirgendwo zu sehen. Weder auf dem Flur noch in meinem Zimmer. Ich renne die Treppe runter in den Park; da sitzt sie. Das personifizierte Häufchen Elend mit einer brennenden Zigarette in der Hand.

Keine Ahnung, ob das jetzt eine gute Idee ist, aber ich lege den Arm um sie. Zumindest schlägt sie ihn nicht weg. Sie sagt kein Wort, zieht an ihrer Zigarette, die Hand zittert ganz leicht. Ich denke: *Restless Hand Syndrom.*

So oft haben wir darüber gestritten, ob ich die achte Plage der Endzeit bin – oder Lena einfach nur paranoid. Sie hat versucht, die Diskussion zu objektivieren, indem sie mich nachts heimlich mit der Videokamera gefilmt hatte – mit Ton, versteht sich. Und ich musste zugeben, dass sich das kolossale Knattern nicht wirklich wegdiskutieren lässt.

»Lass uns doch mit Professor Hoffmann drüber reden. Der ist der Chef hier. Vielleicht sieht der das ganz anders.«

Keine Antwort.

»Ich meine, die Ärztin ist ja noch jung.«

Wenn ich ehrlich bin, steigt ganz sachte ein triumphales Gefühl in mir auf. Gleichzeitig weiß ich, dass ich mich jetzt zusammenreißen muss. Lena schmeißt die brennende Kippe auf den Boden und tritt sie mit der Spitze ihrer Stiefel aus. Sie sieht mich aus glasigen Augen an, fast ausdruckslos: »Ich bin doch nicht verrückt. Sag mir bitte, dass ich nicht verrückt bin.«

Eine halbe Stunde später sitzen wir in Professor Hoffmanns Büro. Vielleicht ist er genau das, was Lena jetzt braucht: eine väterliche Figur. »Ich weiß schon, dass das deprimierend für Sie sein muss«, sagt er. Und da merkt man schon, dass wir hier auf der Psychiatrie-Station sind. An Einfühlungsvermögen wirklich kein Mangel.

»Nehmen Sie es doch erst einmal als das, was es ist: als gute Nachricht. Ihr Freund ist gesund, zumindest in der Hinsicht müssen Sie sich keine Sorgen um ihn machen. Sie wissen nach all Ihren Gesprächen im Vorfeld doch selbst, wie gefährlich Schnarchen sein kann.«

In der Tat finde ich es ganz erfreulich, dass ich nicht eines Nachts einfach so ersticken werde wie beim plötzlichen Kindstod. Und irgendwie finde ich auch, dass dieser Aspekt in Lenas Reaktion etwas zu kurz kommt. Ich bin also kein Apnoiker, sondern ein »primärer Schnarcher«, wie sich Hoffmann ausdrückt.

Aber keine gute Nachricht ohne ihre böse kleine Schwester; sozusagen Ying-und-Yang-Prinzip der medizinischen Botschaften. »Für Sie als primärer Schnarcher enden leider auch mit dieser Untersuchung die von Ihrer Krankenkasse geförderten Behandlungsmaßnahmen.« Das heißt im Klartext, dass ich für weitere therapeutische Maßnahmen von jetzt ab auf mich allein gestellt bin. Beziehungsweise angewiesen auf meinen ohnehin besorgniserregenden Kontostand. Mein Gesäge gilt nach kassenärztlicher Definition nicht als Gesundheitsgefährdung, sondern *nur* als Lärmbelästigung. Nächtliche Ruhestörung meinetwegen auch. Und was immer ich dagegen zu unternehmen gedenke, ich werde es selbst zahlen müssen.

»Die Kasse springt also erst dann wieder ein, wenn ich infolge des Trennungsschmerzes zum depressiven Alkoholiker geworden bin?«

»Nicht meine Worte, aber – ja. Exakt so ist es.«

Professor Hoffmann sagt, dass es natürlich eine Menge Privatkliniken gibt, die mehr oder weniger offensiv für ihre Laseroperationen werben, rät mir aber eindringlich davon ab. »Dadurch wird das Problem auch nicht geringer, nur Ihr Wohlstand.« Zwar gebe es neue Methoden mit Gaumenimplantaten, aber auch die seien noch längst nicht ausreichend hinsichtlich ihrer Nebenwirkungen und langfristigen Erfolge erforscht. »Das Einzige, was ich Ihnen empfehlen kann – statten Sie unserer Zahnklinik einen Besuch ab. Dort arbeitet Dr. Blum, der sich intensiv mit dem Thema Schnarchen befasst.«

Er macht eine Kunstpause und sagt: »Ich habe Ihnen auch schon für heute Nachmittag einen Termin gemacht.«

Lena schüttelt sich. Sie hat die ganze Zeit über neben mir gesessen wie eine Taubstumme: kein Wort, keine Fragen, keine Einwände. Mit einem Mal ist sie wach. »Zahnklinik?«, sagt sie vielleicht ein paar Dezibel zu laut. »Er schnarcht. Was zum Teufel soll er beim Zahnarzt?« Sie steht auf und murmelt etwas, das klingt wie: »Mir reicht's. Sorry.« Zumindest verabschiedet sie sich diesmal, bevor sie aus dem Zimmer geht. Ich reiche Herrn Hoffmann noch die Hand und sage, dass wir uns sicher noch mal sehen werden in den nächsten Tagen.

Schweigend fahren wir hinüber zu Lenas Hotel. Zehn Minuten Sprachlosigkeit. Sie packt ihre Klamotten in die Reisetasche, dann sagt sie: »Bring mich bitte zum

Bahnhof. Du kannst das Auto hierbehalten, wenn du zu deinem Zahnarzt gehst.« Sie zieht das Wort Zahnarzt in die Länge wie einen Kaugummi. »Ich fahre jetzt nach Hause. Ich hab die Schnauze voll.«

Ich stehe etwas unbeholfen neben ihr und komme mir vor wie eine Comicfigur. Mir fällt jetzt auch nichts besonders Kluges mehr ein, was ich ihr noch sagen könnte. Vielleicht ist es ja auch besser für sie, eine Weile allein zu sein. Oder mit ihren Eltern zu telefonieren. Und wenn es sein muss, soll sie sich heute Abend mit ihrer Freundin Anna treffen, meinetwegen auch das. Alles, solange bloß ihre Schwester nicht ins Spiel kommt.

Auf jeden Fall werde ich das Hotelzimmer mal für eine Nacht verlängern und diesen Zahnarzt aufsuchen. Vielleicht ist der ja wirklich so ein Genie. Zumindest ist es ist ein Strohhalm. Und zwar einer, an dem ich mich emporschwingen werde wie Tim Lobinger an seinem Sprungstab.

Als der Zug einfährt, gibt mir Lena an der Bahnsteigkante noch einen leidenschaftslosen Kuss. Dann steigt sie ein. Ohne sich umzudrehen.

kapitel 15

Lenas Telefon ist ausgeschaltet. Vielleicht weil sie noch im Zug sitzt. Aber ein paar Stunden später geht Lena immer noch nicht ran. Mir ist das jetzt zu viel Déjà-vu. Aber langsam fange ich an, die Kausalkette zu begreifen: Auf Schlaflabor, egal ob mobil oder stationär, folgt offenbar zwangsläufig Funkstille.

Wobei: Bin ich nicht unschuldig? Wenigstens diesmal?

Ich verschiebe die Klärung dieser Frage auf später und mache mich gemütlich auf den Weg in die Uni-Klinik zu Dr. Blum. Und ich muss sagen, so ganz allmählich finde ich wirklich Gefallen an meinem Aufenthalt hier in Freiburg. Ich habe eine Menge gelernt, unter anderem großartige Fremdwörter, die ich mir niemals im Leben merken kann. Allein um sie vorzulesen, müsste ich sehr langsam und betont sprechen. Meinen Zahnarzt-Termin haben sie ganz offensichtlich im Anschluss an die regulären Sprechstunden angesetzt, quasi 1a-VIP-Treatment. Und das als Kassenpatient. Ich fühle mich wie im Himmel.

Toni habe ich schon am Telefon den ganzen Irrsinn geschildert. Er will sich gleich morgen früh mal um Lena kümmern, gewissermaßen als neutrale Instanz. Hat er mir zumindest versprochen. Zwar bin ich mir nicht sicher, ob Toni die geeignete Person ist, um die Wiederaufnahme diplomatischer Beziehungen einzufädeln. Aber nach jetzigem Stand kann er wenigstens nichts mehr verpfuschen. »Zahnarzt«, sagte er noch, bevor er aufgelegt hat. »Mann, Alter, du schreckst ja auch vor gar nichts zurück.« Wäre schön, er könnte Lena dazu bringen, diese völlig berechtigte Bewunderung zu teilen.

Die Uniklinik sieht auch aus wie eine Uniklinik. Verwirrend großes Gelände, für das du einen faltbaren Lageplan bräuchtest. Aber nach der dritten Nachfrage finde ich dann doch die Zahnmediziner. Auf dem Weg habe ich zwei Zigaretten geraucht und frage mich nun, ob das nicht ein bisschen unhöflich war dem Arzt gegenüber. Aber vielleicht will er ja auch erst einmal nur reden.

Im Warteraum lange Sitzreihen mit orangefarbenen Plastikschalen, wie ich sie sonst nur von der Kfz-Zulassungsstelle kenne. Wenn ich an meinen Zahnarzt in München denke, gegen dessen Praxis so manches Designhotel popelig wirkt, lässt mich die Einrichtung hier doch ein wenig schmunzeln. Dafür verstehen die Leute hier wahrscheinlich etwas mehr von ihrem Job und interessieren sich nicht so sehr fürs Porsche-Fahren.

Nach einer knappen Viertelstunde Warten kommt Dr. Blum auf mich zu; ein freundliches, fröhliches Gesicht, jungenhaft irgendwie, und ich frage mich, ob Brilletragen hier an der Uni wohl ein Einstellungskriterium ist. »Ah, da sind Sie ja. Willkommen!« Er streckt mir seine Hand entgegen, dann führt er mich an den Behandlungsräumen vorbei. Vielleicht sollte man besser sagen: durch einen Saal mit einzelnen Boxen, die durch schulterhohe Sichtblenden voneinander getrennt sind. Man kennt das aus amerikanischen Filmen. Ich glaube, der Vorteil besteht darin, dass sich hier niemand memmenhaft zu schreien traut – zu große Chance, dem Boxen-Nachbarn nach der Behandlung über den Weg zu laufen.

Das Büro des Dr. Blum ist geschätzte acht Quadratmeter groß. Schreibtisch, zwei Stühle, eine Schreibtischlampe. Nicht etwa Retro-Style, sondern Original. Die Wände sind komplett mit Regalen zugestellt, ein echtes Gelehrtenzimmer. Die meisten Bücher müssen aus England und den USA stammen, aber auch die deutschen Buchtitel sagen mir nicht viel mehr.

»Professor Hoffmann hat mir schon das ganze Drama geschildert. Klingt nicht gut.«

»Und das ist noch untertrieben. Meine Freundin ist inzwischen abgereist.«

»Das kenne ich nur zu gut. Ich verrate Ihnen gleich mal ein Geheimnis. Wissen Sie, ich bin auch Schnarcher, und mich hat deswegen mehr als nur eine Freundin verlassen.«

Ohne Worte. Wir kennen uns erst seit fünf Minuten, aber ich liebe diesen Dr. Blum jetzt schon.

»Sie sind mein Mann«, sage ich.

In seiner Not, erzählt er, hat er vor ein paar Jahren damit begonnen, sich mit seinem eigenen Leiden auseinanderzusetzen. Dr. Blum ist nämlich in Wahrheit Dr. Dr. Blum, weil nebenbei auch noch Allgemeinmediziner. Mir wird so wohlig warm wie an einem Tiroler Kachelofen.

Blum greift in eines der Regale und holt zwei Kisten raus. Darin ein wildes Sammelsurium von Zahnspangen in einem beachtlichen Farbspektrum. Man könnte einen hübschen Regenbogen daraus formen. »Sehen Sie, das sind alles intraorale Protrusionsschienen«, sagt Dr. Blum.

»Können Sie das noch mal sagen?

»Intraorale Protrusionsschienen.«

Ich habe mal gehört, dass es damals unter den besonders pickeligen Philosophie-Studenten unserer Uni so einen Sport gab: Hegels Standardwerk »Phänomenologie des Geistes« so auszusprechen, als wären es nur drei Silben. Dr. Blum würde sie zu Luschen degradieren.

»Klingt ziemlich wissenschaftlich«, sage ich mit einem anerkennenden Nicken.

»Ich habe irgendwann mal angefangen, diese Dinger zu sammeln. Sie stammen aus der ganzen Welt. Wenn bei einem Kongress jemand ein neues Modell vorstellt, besorge ich mir immer eins der Probeexemplare.« Dr. Blum gibt sich gar keine Mühe, seinen Enthusiasmus zu verbergen, wenngleich er bestimmt weiß, dass die meisten Menschen einen solch exotischen Sammeltrieb für einen Tick halten, wenn nicht gar für eine ausgewachsene Macke. Nun ja, die einen sammeln Oldtimer, andere eben Zahnspangen. Von Dr. Blums Leidenschaft hat die Menschheit jedenfalls definitiv mehr. Und dabei ahne ich noch gar nicht, *wie viel* mehr sie davon hat. Auch ich ganz persönlich.

»Sehen Sie, es gibt ja eine Vielzahl von Faktoren, die zu Schnarchen führen. Häufig ist es so, dass der Unterkiefer infolge der Muskelerschlaffung während des Schlafs zurückfällt und damit die Atemwege einengt. Haben Sie sicher schon von gehört.«

Nicht nur ein Mal.

»Und diese Schienen verhindern das Zurückfallen. Es ist eine ganz simple, rein mechanische Methode. Aber äußerst effizient.«

Wenn ich das richtig verstanden habe, führt die Schiene also dazu, dass die Zunge dem Atmen nicht mehr im Wege steht. Die Ventilation im Rachenraum verändert sich. Und es herrscht Flaute am Gaumensegel.

Ich bin beeindruckt, erst recht als er zu einem Kurzreferat über die Kulturgeschichte der Protrusionsschiene ansetzt, das in einem unerhörten Geständnis gipfelt: »Ich trage selbst so eine Schiene. Natürlich eine, die ich selbst entworfen habe. Und was soll ich Ihnen sagen? Seitdem nehmen meine Freunde mich wieder mit zum Wandern auf die Berghütte.«

Und dass er eine neue und sehr hübsche Freundin hat, sogar seit einigen Monaten schon, lässt er auch nicht unerwähnt. Ich bin gerührt. Ganz ehrlich. Und weiß auch gar nicht so recht, was ich sagen soll. Zugegeben, ich war extrem skeptisch, als mich Professor Hoffmann hier in die Zahnmedizin geschickt hat. Und jetzt? Jetzt sitze ich seit einer Stunde in einem kleinen, lichtarmen Kabuff und staune mit offenem Mund über Dinge, von denen ich in meinem Leben noch nie etwas gehört habe. Und plötzlich schießt mir ein Gedanke durch den Kopf: Mein *rocket scientist,* der größte Spezialist des Landes, das dringend benötigte Genie – endlich sitze ich ihm gegenüber.

»Ich kann Ihnen nur anbieten, dass wir es bei Ihnen mal mit so einer Schiene probieren«, sagt Dr. Blum. Ich gelte, wie er es ausdrückt, ohnehin längst als überdiagnostiziert nach all meinen Arztbesuchen.

Ja! Ja! Ja!, denke ich. Her mit der Spange! »Ich glaube, Sie retten mein Leben.« Eine Nummer kleiner wollte ich es auf gar keinen Fall.

Blum lächelt beschämt und sagt, ich soll gleich morgen früh noch mal vorbeikommen, wenn seine Assistentin wieder im Dienst ist, dann passen wir die Schiene an. Bevor ich gehe, drückt er mir ein Büchlein in die Hand, es ist eher eine Broschüre. Dr. Dr. Blum hat nämlich auch noch ein Standardwerk über intraorale Protrusionsschienen geschrieben. Dem widme ich mich abends als Gute-Nacht-Lektüre. Hundert Seiten, ohne dass ich so recht ein Wort verstehe. Endlos-Sätze wie von Thomas Mann und eine Fremdwortdichte wie bei Jürgen Habermas. Aber was ich kapiere: Dr. Blum ist Deutschlands führender Experte auf diesem Gebiet.

Es ist spät, kurz vor Mitternacht, aber ich bin so euphorisch, dass ich doch noch mal versuche, Lena zu erreichen. »Der Teilnehmer ist vorübergehend nicht zu erreichen.« Na gut, denke ich, dann wird das eben eine Hammer-Überraschung, wenn ich wieder daheim bin.

Um Punkt zehn Uhr stehe ich wieder im Warteraum der Uniklinik. Ich finde, das ist morgens früh. Für einen Augenblick überlege ich noch, ob sie hier auch so einen Automaten haben, an dem man eine Nummer zieht, aber da kommt schon eine junge Frau auf mich zu. Herr Blum muss mich beschrieben haben. »Na prima, dann kommen Sie mal mit.«

Sie führt mich in eine dieser Boxen und sagt, ich soll es mir ruhig schon mal auf dem Behandlungsstuhl bequem machen. Als sie raus ist, betrachte ich den Stuhl. Okay, er mag ja bequem sein, und natürlich wird Dr. Blum meine Zähne außer bei der Spangen-Anpassung ansonsten in Ruhe lassen. Trotzdem: Ein Zahnarzt ist ein Zahnarzt ist ein Zahnarzt, und mir wird ein wenig mulmig zumute.

Mit einem Strahlen, das der badischen Sonne ernste Konkurrenz macht, kommt Dr. Blum um die Ecke gebogen. »So, dann wollen wir mal.« Er streift sich seine Latex-Handschuhe über und untersucht als Erstes die Zähne. Zumindest machen sie wohl keinen verwahrlosten Eindruck, denn er äußert keinen Behandlungsbedarf. Stattdessen lässt er eine merkwürdige Paste anrühren und schmiert sie in eine der chromblitzenden Schienen. »Sie müssen den Mund jetzt ganz weit öffnen und dann fest zubeißen. Danach ein paar Sekunden halten, bis ich Ihnen sage, dass Sie lockerlassen können.«

Vamos!

Er schiebt die Schiene in meinen Mund, und innerhalb einer Hundertstelsekunde habe ich das Gefühl zu ersticken, oder mich mindestens in einem großen Schwall erbrechen zu müssen. Ich würge und röchele und spucke dieses Ding wieder aus. Es ist mir unendlich peinlich. An Dr. Blums Reaktion ist abzulesen, dass so etwas bei jedem dritten Patienten vorkommt. Unerschüttert startet er einen erneuten Versuch und lässt sich auch von dessen Scheitern nicht entmutigen. Beim dritten Mal kann ich meinen unbändigen Würgereiz zumindest für ein paar Sekunden domestizieren.

»Na, sehen Sie, das war die erste Halbzeit.«

»Das Zeug schmeckt zum Kotzen. Aber das wissen Sie sicher selbst.«

»Was muss, das muss«, sagt Dr. Blum. Und irgendwie erinnert mich dieses Motto an meine so oft verleugnete rheinische Heimat.

»Und nun Nummer zwei!« In seiner Hand hält er eine zweite Ladung Ekelpaste, diesmal für den Unterkiefer. Es klappt schon beim zweiten Mal. Trotzdem ist mir jetzt richtig übel.

»Wird das später beim Tragen noch schlimmer?«

»Na ja, durch die Hölle müssen Sie nicht gehen. Aber Sie entscheiden, ob der Erfolg die Unannehmlichkeiten wert ist.« Er lächelt verschmitzt und sagt: »Also, die Abdrücke werden wir jetzt aushärten lassen, anschließend gebe ich die Spange in die Fertigung. Es wird zwei Tage dauern, aber ich kann mir vorstellen, Sie fühlen sich inzwischen schon richtig wohl in unserem schönen Freiburg.«

»Wenn ich noch ein paar Tage länger hier bleibe, dann kann ich als Taxifahrer anfangen, so gut kenne ich mich inzwischen aus.«

»Haben Sie heute Abend schon etwas vor? Sonst könnte ich Ihnen eines meiner Lieblingslokale zeigen, ein richtiges badisches Traditionsrestaurant.«

»Sehr nette Idee.« Ich denke: Jetzt sind ja auch regionale Spezialitäten wieder erlaubt. Und ein bis fünf Bierchen dazu. »Wirklich wunderbare Idee.«

Dr. Blum notiert sich meine Telefonnummer und verspricht, mich um acht am Hotel abzuholen. Seltsame Sache, sich mit seinem Zahnarzt zu treffen. Ich verdränge den Gedanken, dass er mich vorbeschwichtigen will, falls auch seine Therapie nicht anschlägt. Bestimmt freut er sich einfach nur auf die Herausforderung in seinem dentalen Spezialgebiet.

Das Restaurant ist ein uriger Laden, die Wände sind mit schweren dunklen Holzplanken ausgeschlagen, und es gibt das gute Tannenzäpfle vom Fass. Und ich muss schon sagen, es ist überraschend, wie sehr hier alle an meinem Schicksal Anteil nehmen.

Dr. Blum erzählt mir ein bisschen aus seiner Vita als Wissenschaftler, von Kongressen am Arlberg, zu denen man eingeladen wird und dann snowboarden geht und zwischendurch die Menschheit rettet. Ich muss zugeben, so habe ich mir das Leben als Zahnarzt gar nicht vorgestellt. Kann schon sein, dass mein Hirn von zu vielen Vorurteilen verdorben ist, gerade was Zahnarzt-Gattinnen betrifft. »Wissen Sie, wer Anfang der Achtzigerjahre in einen Tennisclub eingetreten ist, hat einen ganz anderen Eindruck von Ihrem Berufsstand.«

Dieser Mann hier arbeitet quasi 24 Stunden am Tag. Steht ab morgens um sieben mit einem Bohrer in der

Hand in einer dieser Uniklinik-Boxen; und wenn der letzte Patient dann endlich gegangen ist, hockt er in seinem Kabuff über Büchern, Notizen und seinem Laptop. Und dann schreibt er Texte für eine mutmaßlich ziemlich überschaubare wissenschaftliche Community.

Es gibt Schäufele, also eine Art Kasseler Braten, das mit Kartoffelsalat serviert wird. Professor Hoffmann hatte durchaus recht – das badische Essen ist in der Tat die Antithese zu leichter Mittelmeerküche, aber letztlich doch zu verdauen. Vor allem dank der zwei Schnäpse, die eine Viertelstunde später immer noch in meinem Magen zu lodern scheinen wie ein Höllenfeuer.

Später gesellt sich Dr. Blums Freundin zu uns. Er hat sie an der Klinik kennengelernt, wo auch sonst? Sie arbeitet ein paar Häuser weiter in der Herz- und Gefäßchirurgie, und ich könnte mir vorstellen, dass auch sie ein paar großartige Gruselgeschichten zu erzählen hat wie alle Mediziner. Ob sie wohl auch schon mal den Typen im Batman-Kostüm behandelt hat? Sie heißt Annette. Und das ist schon lustig: Seit ungefähr einer Stunde sind Raimund, also Dr. Blum, und ich per du. Das ging fast so schnell wie an einer österreichischen Après-Ski-Bar.

Seit vier Monaten sind die beiden jetzt schon zusammen, erzählt Annette, aber weil sie beide härter schuften als chinesische Sweatshop-Arbeiter – wofür sie allerdings auch deutlich besser bezahlt werden –, verbringen sie vielleicht zwei Nächte die Woche miteinander. »Das erspart mir in den übrigen fünf wenigstens das Tragen der Protrusionsschiene«, scherzt der Raimund mit einem komplizenhaften Grinsen. Annette wirft ihm einen mehr als geneigten Blick zu. Mag sein, dass auch sie ihn für einen Freak hält, aber dann ist sie eben in einen Freak verliebt. Sofort muss ich an Lena denken und werde ein bisschen melancholisch.

Zwei Tage später sitze ich wieder in dem beigefarbenen Behandlungsstuhl, den ich beim letzten Mal beinahe vollgereihert hätte. Lena hat sich noch immer nicht gemeldet, Toni auch nicht. Doch statt mir große Sorgen zu machen, habe ich beschlossen, meine Prioritäten für den Moment auf die hoffentlich rettenden Schienen zu verlagern.

»Liebe Grüße von Annette«, sagt Raimund. Er hat eine kleine blaue Dose in der Hand, die in mir ein überwunden geglaubtes Trauma wachruft. Ich hatte sogar als 14-Jähriger immer noch eine feste Zahnspange – die »Schneekette«, wie meine miesen Mitschüler sie nannten. Und ich weiß noch genau, wie ich beim Handballspielen immer blutüberströmt vom Feld musste, sobald ich einen Ellbogen auch nur sachte gegen die Lippen bekam. Für einen heftig pubertierenden Jungen macht so eine Zahnspange das Leben auch nicht unbedingt leichter.

Und es ist verrückt: Wie ich so da sitze in dem Freiburger Behandlungsstuhl, erinnere ich mich sogar an den unglaublich brutalen Händedruck meines damaligen Zahnarztes. Jetzt fällt mir wieder ein, wie er mit einem diabolischen Grinsen sagte, das viele Zähneziehen mit der Zange habe letztlich seine Muskeln so geprägt. Gut möglich, dass er all diese Phobien in mir ausgelöst hat.

Nun, das ist also jetzt der große, der magische Moment. Raimund öffnet die blaue Dose, er wirkt tatsächlich fast feierlich dabei, dann kommt eine Art Zahnspange zum Vorschein, transparent und in ihrer Ästhetik nicht sehr weit vom Gebiss entfernt. »So, jetzt probiere mal aus, ob sie passt.« Es sind zwei Schienen, die auf die Zähne aufgesetzt werden, mit einem Klick rasten sie ein. Und vorne sind die Schienen durch ein silbriges Häkchen verlinkt. Raimund macht sein Wissenschaftler-Gesicht. »Schau, dieses Häkchen hier reicht schon aus, um den Unterkiefer in Position zu halten. Mehr braucht es nicht.«

Für die Feinjustierung ist eine kleine Schraube zuständig, die den Druck auf das Häkchen entweder verstärkt oder reduziert. Bisschen blöd: Die Schraube guckt vorne raus, selbst wenn ich den Mund geschlossen halte.

»Muss das so sein?«

»Wenn du die richtige Stärke für dich rausgefunden hast, kannst du die Schraube auch abflexen.«

»Ich kann nicht mal einen Nagel gerade in die Wand schlagen.«

»Also gut, abflexen *lassen*.«

Reden mit der Spange im Mund hat in etwa die gleiche Komik, als hätte ich vor dem Sprechen Helium inhaliert. Um präzise zu sein: Ich klinge ungefähr wie Willi aus »Biene Maja«.

»Und wie is'n d's mit Rumknu'schen?«

»Nun, das ist ein schwieriges Thema«, Raimund muss grinsen. »Ich würde sagen, die Erotik kommt eher vor dem Einsetzen der Schiene.«

Er gibt mir noch ein paar Pflegetipps. Nach jedem Tragen soll ich die Schiene in einer Lösung einlegen, für die es überall solche Tabs gibt. Tabs für Kinder-Zahnspangen. »Wenn's dir peinlich ist, kannst du die Dinger ja in einem großen Drogeriemarkt kaufen.«

Zum Abschied wünscht er mir viel Glück. Und sagt

dann: »Ach Quatsch Glück – Erfolg! Und halt mich auf dem Laufenden, was deine Freundin dazu sagt.«

Ich denke: Wenn sie mich überhaupt zu Hause reinlässt und nicht längst die Schlösser ausgetauscht hat.

Die Heimfahrt ist eine wahnsinnige Gurkerei und die Autobahn in Wahrheit eine einzige große Baustelle. Was meine Euphorie erst einmal nicht zu bremsen vermag. Allerdings, je näher ich München komme, umso skeptischer werde ich. Was, wenn auch die Spange nicht hilft? Was, wenn Lena einfach nur in Ohnmacht fällt angesichts der Menge Plastik in meinem Mund? Auf der anderen Seite: Sie hat den »kleinen Schnarcher« mitgemacht, die blöden Breathe-Right-Pflaster, den Nasenring. Das ganze Universum des Apotheken-Irrsinns. Zugegeben, das waren bessere Zeiten, aber auf ein zusätzliches Experiment kommt es jetzt nun auch nicht mehr an.

Schließlich stehe ich vor ihrer Tür.

Unserer. Vielleicht sollte ich trotzdem klingeln. Das verstärkt den dramaturgischen Effekt. Nach kurzem Zögern drücke ich auf den Knopf.

Lena öffnet die Tür, ich blicke in ein völlig neutrales Gesicht. »Und? Wie war's beim Zahnarzt?« Mehr sagt sie nicht.

»Gib mir noch eine Chance. Mir und der Spange. Ich wette, wir sind ein gutes Team.«

»Du und deine Spange? Na super.«

Am liebsten würde ich jetzt schon meine kleine Überraschung mit großer Geste aus der Tasche zaubern, aber ich glaube, der Zeitpunkt wäre verfrüht. Stattdessen lade ich sie zu einem Versöhnungsessen ein. Ich erzähle ihr von Raimund, den ich jetzt wieder ganz geschäftlich Dr. Blum nenne. Das klingt einfach seriöser. Und als ich ihr berichte, dass auch er geschnarcht hat und seit seiner Spange als geheilt gilt, ist sie beinahe besänftigt.

Lena hat einen ordentlichen Sake-Schwips, als wir weit nach Mitternacht heimgehen. Ich selbst habe sicherheitshalber keinen Tropfen Alkohol getrunken, denn so viel ist klar: Auch wenn Lena zum ersten Mal seit langer Zeit wieder eine Menge gelacht hat in meiner Gegenwart, so ist dies mit der Spange doch der finale Versuch. Und ich will es nicht schon wieder vermasseln.

Zu Hause krame ich die Schiene aus meiner Tasche und präsentiere sie wie einen alten ägyptischen Goldschatz. Lena zuckt nur mit den Achseln. Sie ist nicht gerade begeistert vom ästhetischen Gesamtkonzept, und Zahnspange, das klingt ja auch immer nach Vorpubertät und Regression. Immerhin schaut sie mich ungewohnt mitfühlend an. »Und du bist sicher, dass du mit diesem Ding schlafen kannst?«

»Die Hauptsache ist ja wohl, dass *du* schlafen kannst.«

Während ich ins Bad gehe, klappt Lena schon mal prophylaktisch das Gästezimmersofa aus. Sie hat es in der letzten Woche ja nicht gebraucht. Ich stehe am Waschbecken und spüle die Spange noch mal unter lauwarmem Wasser ab, so wie Raimund mir das demonstriert hat. Dann betrachte ich mich im Spiegel. Oh, Jesus Christus! Ich sehe aus wie Hannibal Lecter aus »Schweigen der Lämmer«. Keine Ahnung, ob ich mich so ins Schlafzimmer trauen kann. Meine Taktik: Ich schlängele mich mit dem Rücken zu Lena ins Schlafzimmer und lösche sofort das Licht. Dann taste ich mich ans Bett vor.

»Nee, nee, mein Lieber«, meint Lena und knipst die

Nachttisch-Leuchte an. »Lass sehen.« Sie bricht in lauteres Gelächter aus als das Olympiastadion voller Komplett-Prolls bei einem Auftritt von Mario Barth. »Das ist doch nicht dein Ernst, oder? Ich soll neben einem Alien schlafen?«

»Hier ist der Deal – du ignorierst das jetzt einfach und tust so, als hättest du das nie gesehen. Augen zu und durchschlafen. Okay?«

Unter hämischem Gewieher macht sie das Licht wieder aus. Ich liege noch lange wach und höre Lena sanft atmen. Irgendwann dämmere auch ich weg. Nachts um drei werde ich kurz wach. Sofort schaue ich nach rechts.

Da liegt Lena.

Sie schläft!

Um fünf Uhr ist es genauso und morgens um zehn noch immer. Sie ist bei mir geblieben. Bei mir und der Spange.

Als sie aufwacht, kann sie es erst gar nicht glauben. Aber dieses unglaubliche Bild wiederholt sich in den folgenden Nächten. Keinerlei Ruhestörung, nichts. Inzwischen ist mehr als eine Woche vergangen, seit ich aus Freiburg zurück bin. Wir haben gerade den Fernseher ausgeschaltet und wollen ins Bett, als ich noch mal kurz ein Buch aus dem Gästezimmer holen will. Da steht die immer noch frisch bezogene Couch. Ich reiße das Betttuch runter. Zwei kurze Handgriffe, dann ist das Sofa zugeklappt.

kapitel 16

Er hat mich gewarnt. Mein lieber Dr. Dr. Raimund Blum hat gesagt, in den ersten Wochen kann die Spange durchaus ihre Nebenwirkungen haben. Nächtliches Sabbern zum Beispiel, was bei Frauen normalerweise genauso gut ankommt wie dauerhafte Schweißausbrüche. Und dass es sich anfühlen könnte, als wäre der Unterkiefer irgendwie ausgehängt. Inzwischen weiß ich leider, was er damit gemeint hat. Nach einer Nacht mit der Spange muss ich morgens als Erstes ein bisschen Kiefer-Gymnastik machen, bevor ich mich an den Frühstückstisch setzen kann. Ein Ziehen und Stechen fast bis zu den Ohren hoch. »Wenn du einen türkischen Gemüsehändler in der Nähe hast, besorg dir diese harten Kaugummis. Wenn du die zerkaut kriegst, ist der Unterkiefer auch wieder geschmeidig.« Mein Dr. Blum sollte recht behalten.

Um nichts in der Welt würde ich Lena von meinen Schmerzen erzählen. Erstens würde sie sich nur wieder in ihrer Meinung bestätigt fühlen, wonach ich das übelste Weichei bin, das ihr jemals untergekommen ist. Zweitens will ich auf keinen Fall riskieren, dass in ihr Zweifel an meiner Schiene aufkommen. Inzwischen sagt sie übrigens: »Unsere Schiene.« Passiert nicht oft, dass sie sich von etwas überzeugen lässt.

Der Raimund ist ernsthaft stolz auf sich, ich habe ihn

nach zwei Wochen angerufen und von unserer neuen Lebensqualität berichtet. Lena und ich leben mit einem Mal zusammen wie ein ganz normales Paar. Wir gehen zusammen ins Bett und stehen gemeinsam auf. In unserem Fall ist das ja tatsächlich eine Nachricht. Vielleicht sollte ich Postkarten drucken lassen und verschicken.

Die Schraube habe ich übrigens noch nicht abflexen lassen. Inzwischen funktioniert sie im Prinzip wie ein Lautstärke-Regler für meinen Rachenraum, mit unterschiedlichen Folgen für mein Wohlbefinden. Stelle ich sie zu locker ein (etwa so, dass ich am nächsten Tag ohne Gelenktraining frühstücken kann), kommt es durchaus vor, dass Lena mich mal wieder wachrüttelt, weil ich fröhlich vor mich hin säge. Aber wir reden mittlerweile von Fuchsschwanz, nicht mehr von Kettensäge. Stelle ich sie dagegen auf absolutes Schweigen, befinde ich mich in einer Folterkategorie mit Daumenschrauben. Entsprechend dauert es am nächsten Tag ein paar Stunden, bis sich alles eingerenkt hat und ich statt schmerzverzerrter Laute wieder ganze Wörter bilden kann.

Was mich erstaunt: Wie sehr sich so ein kleines Plastikding in unseren Alltag drängen und zum Mittelpunkt des Lebens machen kann. Wenn wir mal übers Wochenende wegfahren, spricht Lena von unserer Schiene wie über eine Tochter.: »Denkst du an die Spange?« – »Du musst die Spange mal wieder waschen!«

Neulich wollten wir für ein paar Tage nach Italien. Kurz vor Oberaudorf fragte Lena: »Hast du die Spange eingepackt?«

Ich dachte: O shit! und sagte kein Wort.

Lena sah mich an, akute Panik in den Augen: »Die Spaaaange!«

Wir kehrten auf der Stelle um. Und ich schwöre, noch nie bin ich über mehrere Stunden hinweg derart zusammengefaltet worden. Nicht mal von Anna.

Die Spange hat unser Leben verändert, sie hat uns eine gemeinsame Zukunft geschenkt, an die Lena wohl nicht mehr so richtig geglaubt hat. Nun aber fängt sie plötzlich an, von Kindern – richtigen, nicht Schienen – zu sprechen. Und zwar keineswegs in diesem vagen träumerischen Ton, der nach Bauernhaus klingt, vier Kindern, zwei Pferden, einem Hund. Sondern ganz konkret. Sie sagt so was wie: »Könntest du dir vorstellen, aus Studio B ein Kinderzimmer zu machen?«

Aber hallo kann ich das. Und wenn dich eine Frau schon auf diese Art fragt, ob du Kinder mit ihr haben möchtest, heißt das im Subtext natürlich auch: Bei dieser Nummer kann nichts mehr schiefgehen – a g'mahde Wiese'n, wie man in Bayern sagt.

Ein paar Wochen später traue ich mich dann wirklich zu diesem berühmten Juwelier rein. Toni ist mit mir gekommen, sozusagen als moralische Stütze. Und zuvor hat Anna mir ziemlich genau und gewohnt wortreich verklickert, welche Sorte Verlobungsring man nach all dem Wahnsinn, den ich Lena in den letzten Jahren zugemutet habe, erwarten darf.

»Drei Monatsgehälter«, hat Toni gesagt.

»Wie meinst du das?«

»In Amerika sagt man, ein Verlobungsring muss drei Monatsgehälter kosten. Mindestens.«

»Brutto oder netto?«

»Ey, hast du einen Kaktus im Portemonnaie? Brutto natürlich.«

Mir bricht ein bisschen der Schweiß aus. Als wir den

Laden betreten, sage ich: »Ich hätte gern diesen Verlobungsring, Sie wissen schon, diesen einen, den alle Mädchen haben wollen.«

Die Verkäuferin strahlt, nickt und sagt: »Kommen Sie mal mit nach oben.«

Eine gläserne Theke mit Schubladen, da drin sehr viele Ringe mit sehr unterschiedlichen Steinchen drin. Ich zeige auf ein, wie ich finde, Mittelklasse-Modell. Ich betrachte den Ring und vor allem das kleine mintgrüne Preisschild. Fünf Monatsgehälter. Brutto. Ich beginne zu zittern. Zum Glück ist außer uns niemand hier im Obergeschoss. »Sagen Sie mal, ich hab mal eine Anzeige von Ihnen gesehen, da stand irgendwas von 1200 Euro für so einen Ring.«

»Das wäre dieser hier.« Die Verkäuferin reicht mir einen Ring mit mickrigem Krönchen drauf über die Theke.

»Und wo ist jetzt der Diamant?«

»Hier. Sehen Sie?«

»Nein.« Ich habe nämlich keine Lupe dabei. Aber der andere kommt definitiv auch nicht in Frage. »Okay, aber gibt es nicht ... ich meine ... so eine Art VW Golf unter den Verlobungsringen?«

Toni stößt mir seinen Ellbogen schmerzhaft in die Rippen. »Scheiß dich nicht so an, Alter«, zischt er. Ich schlucke noch ein paar Mal heftig, dann entscheide ich mich, wenn man das so sagen kann, für den Audi A4. Aber mit Ledersitzen und Navi.

Zu Hause reinige ich die blaue Zahnspangendose penibelst, dann lege ich den Ring hinein. Äußerlich lasse ich mir nichts anmerken, kein besonderes Essen, kein extraschicker Anzug oder so. Aber würde ich an diesem

Abend eine Pulsuhr tragen – sie würde garantiert jeden Moment zu piepsen anfangen. Meine Herzfrequenz wird jedenfalls im Viertelstunden-Rhythmus kontinuierlich schneller. Was, wenn sie doch nein sagt? Die Juwelierin hat zwar gesagt: »Keine Sorge, die wollen alle diesen Ring. Da kann nichts schiefgehen.« Aber: Weiß man's?

Als wir ins Bett gehen, beginnt auch gleich unsere Standard-Konversation. »Hast du die Spange drin?«

»Ach Scheiße, nee, vergessen. Bringst du sie mit, wenn du noch mal ins Bad gehst?«

»Beweg doch selbst deinen faulen Hintern.«

»Aber du musst dich doch eh noch eincremen, oder? Deine Haut fühlt sich ganz trocken an.«

Hähä, es gibt Schlüsselwörter, die funktionieren zuverlässiger als ein Mercedes. Lena fragt noch: »Wirklich?« Da ist sie aber längst aufgesprungen.

»Denk an die Spange«, rufe ich noch hinterher.

Sie muss eigentlich sofort merken, dass da was nicht stimmt: das andere Gewicht, das Klappern in der Dose. Ich habe das ja alles schon mal getestet. Generalprobe sozusagen. Jetzt liege ich im Bett und warte. Zehn. Neun. Acht. »Hey! Alles okay?«

Keine Antwort.

Eine Minute später steht Lena im Türrahmen. Offensichtlich in einem noch unentschiedenen Kampf mit den Tränen, in den Händen die offene Zahnspangendose. Sie starrt auf den Ring und sagt überhaupt nichts.

Ich denke: Bingo!

Später, viel später, als wir dann wirklich schlafen wollen, fragt sie das Naheliegende: »Das ist jetzt vielleicht ein bisschen unromantisch – aber: Wo? Ist? Die? Spange?«

Für die Hochzeit haben wir unsere Lieblingshütte in den Bergen ein ganzes Wochenende lang gemietet, oben auf 1800 Metern, und keine Gondel nach 17 Uhr. Das heißt eben auch: Es würde für unsere Gäste kein Entkommen geben – Feiern sozusagen Pflicht und einzige Option. Eigentlich sollte es ja ein unbeschwertes Sommerfest werden, ohne anstrengenden Dresscode, dafür mit Trauung auf der Sonnenterrasse und anschließendem Abhängen in den Liegestühlen und aufs Alpenglühen warten. Das war der Plan.

Als wir ankommen, sind es zwei Grad und Nieselregen. Mitten im August. Auf dem Berg gegenüber hat es schon zu schneien begonnen. Der Nebel kriecht uns durch die geöffneten Fenster in die Schlafzimmer rein. Und dass Kühe hier oben auf der Alm umherspazieren, entnehmen wir einzig dem sanften Läuten ihrer Glocken. Wir sitzen gewissermaßen in der Falle.

Womit wir auch nicht gerechnet hatten, war Annas Höhenangst. Es ist Freitagnachmittag, als auf der Hütte das Telefon klingelt. Die Jungs von der Bergbahn sind dran und beömmeln sich über eine junge Frau, die schier gelähmt, dafür aber derb fluchend vor der Gondel steht. Nach allem, was sie so erzählen, kann es sich nur um die neurotischste unter Lenas Freundinnen handeln.

»Kannst du mal schnell mit der Gondel runterfahren und sie holen?«

Toni ist nicht gerade begeistert, dass ich ihn von seinem zweiten Bier weghole. »Nur schnell runter und dann beim Rauffahren ihre Hand halten, okay? So Mann-aus-den-Bergen-Style. Das beeindruckt Anna sicher.«

»Verstehe. Und du glaubst, ich bin der Richtige fürs Händchenhalten?«

Zumindest ist selbst für Toni die etwa zehnminütige

Gondelfahrt einen Tick zu kurz für den Zeitsprung zwischen Begrüßung, Einsteigen und Quickie. Und bisher habe ich immer gedacht, Anna würde Toni nicht mal eine Sekunde lang über den Weg trauen. »Natürlich wüsste ich keinen Falscheren. Aber was soll's? Außerdem seid ihr als Trauzeugen ja auch eine Art Schicksalsgemeinschaft. Also, reiß dich zusammen!«

Als ich die beiden eine halbe Stunde später mit dem Auto oben von der Gondel abhole, hält Anna immer noch Tonis Hand und sieht ihn an wie eine Nichtschwimmerin, die gerade vom Bademeister per Mund-zu-Mund-Beatmung wiederbelebt wurde. Bevor Toni die Tür zum Rücksitz öffnet, flüstert er mir zu: »G'mahde Wies'n, Alter.«

Ich denke: Wenn ich das Lena erzähle, kriegt sie einen Nervenzusammenbruch.

Den kriegt sie in Wahrheit ein paar Stunden später. Es ist zwei Uhr, exakt zwölf Stunden vor unserer Hochzeit, als wir uns von den Suffschädeln in der Bar verabschieden. Wir gehen hoch und lassen uns glücklich und euphorisch in die rot-weiß karierte Bettwäsche fallen. Lena fragt wie üblich nach der Spange, und ich denke: Spange? Ach du Scheiße. Ach! Du! Scheiße!

Mir wird ganz heiß und schlecht sowieso. Vielleicht sollte ich zu meiner Verteidigung sagen, dass unsere Abreise aus München ein bisschen hektisch und chaotisch war. Hochzeit ist ja kein Routineprogramm für mich. Aber ausgerechnet jetzt die Spange vergessen?

»Das ist nicht dein Ernst, oder?« Lena brüllt mich dermaßen laut an, dass man es unter Garantie noch in der Bar hört – trotz der dröhnenden Musik dort. Wahrscheinlich sogar bis runter ins Tal. Alles klar, ich hätte meinen Anzug vergessen können oder die Eheringe liegen lassen. Das wäre alles nicht so schlimm wie das hier.

»Ich heirate dich in Turnschuhen, zur Not auch barfuß – aber schaff diese gottverdammte Spange hierher. Ich werde mir meine Hochzeitsnacht nicht zersägen lassen.« Sie macht eine kurze Pause. »Und jetzt hau ab und penn meinetwegen bei deinem Toni. Ich hab keinen Bock, morgen mit Augenringen vor dem Altar zu stehen.«

Ich mache das Licht an und tapse über den knarrenden Flur rüber in Tonis Zimmer, um Obdach für die Nacht zu erbitten. Er ist nicht da. Hm. Erst staune ich ein wenig, dann denke ich: Prima, so kann ich ja Fakten schaffen und muss nicht um Einlass betteln. Dass ich letztlich das Zimmer die ganze Nacht für mich haben sollte, werde ich Lena wohl lieber erst nach dem Jawort sagen.

Gleich in der Früh – ich habe mir den Wecker auf sieben Uhr gestellt – rufe ich in München unsere Hausmeisterin an. Frau Stiglmüller hat Gott sei Dank einen Generalschlüssel. Ein Festtag auch für sie: Auf der Suche nach der Zahnspangendose kann sie endlich mal in aller Ruhe unsere Wohnung durchstöbern. Und nachher würden dann Lukas und meine anderen Karneval-Kumpels auf dem Weg vom Flughafen noch bei ihr vorbeikommen. Und ich hätte meinen Hintern gerettet.

Auf diese Weise ist auch Lena wieder etwas versöhnt. Erstens mit mir, zweitens auch mit Lukas & Co, denn vor allem um unseren Freund Dorfmann hat es bei der Hochzeitsplanung einige kontroverse Diskussionen gegeben. Er ist bei solchen Gelegenheiten nun mal eine tickende Zeitbombe. »Wenn der kotzt«, hat Lena in heiligem Ernst gedroht, »sperre ich ihn eigenhändig in den Ziegenstall.« Jetzt kann er sich wenigstens mal nützlich machen.

Der Regen draußen erinnert immer noch an einen Weltuntergang. Anna, die merkwürdig aufgekratzt ist, hat den Fehler begangen, mal kurz vor die Tür zu gehen, um etwas aus dem Auto zu holen. Dabei ist sie mit ihren High Heels draußen im Schlamm stecken geblieben. Jetzt trägt sie Timberlands zu ihrem neuen Kleid. Sie nimmt das allerdings mit einem Humor, den sie sich vermutlich selbst nicht zugetraut hätte. Und Lenas Schwester, die ich erst gestern Abend zum ersten Mal persönlich kennengelernt habe, raunt nur: »Na, wenn das mal nicht ein Omen für eure Ehe ist, dieses Wetter.« Ich fürchte, sie meint das sogar ernst.

Wir mussten übrigens unseren eigenen Pfarrer mitbringen, weil genau an diesem Wochenende offenbar mehr Hochzeiten auf dem Berg stattfinden als in Las Vegas. So viel zu unserer originellen Idee. Als er in der Hütte ankam, war er tropfnass wie ein Schwamm, weil er den ganzen Weg hochgewandert ist. Auf dem Rücken trug er eine Gitarre – die uns jetzt die Zeremonie rettet. Es war nämlich so: Weder uns noch unseren Gästen habe ich ernsthaft zugetraut, Kirchenlieder zu singen. Deshalb habe ich kurze Einspielermusik aus dem Internet runtergeladen und auf CD gebrannt. Dumm nur, dass der CD-Player die Daten nicht lesen kann. Also stehen wir jetzt vor einem Altar, den wir aus zwei Tischen in der Stube aufgebaut haben, und Pfarrer Schwarzeneder greift in die Saiten. Es ist ganz feierlich. Und von großem improvisatorischem Charme.

Trotz des Regens wird es ein sehr lustiges Fest, hauptsächlich weil niemand vor die Tür gehen kann und sich stattdessen alle höchst ambitioniert daranmachen, den kompletten Barbestand niederzutrinken. Vor dem Abendessen vermissen wir eigentlich nur Lenas Vater, der seit etwa einer Stunde komplett abgetaucht ist. Wir finden ihn schließlich in der kleinen Küche im Untergeschoss, wo er offenbar schon seit einer ganzen Weile auf den Koch einredet. Als wir reinkommen, sagt er gerade etwas wie: »Also, ich gebe da ja immer eine ordentliche Portion Rotwein in die Soße. Soll ich mal eine Flasche holen?« Lena gelingt es, ihren Vater zärtlich da rauszuziehen, und als wir wieder hochgehen, steht unendliche Dankbarkeit in den Augen des Küchenchefs.

Was ich nie verstehen werde: warum jedes Ehepaar mindestens drei Pfeffermühlen zur Hochzeit geschenkt bekommt. Und immer versehen mit einem Kärtchen, auf dem steht: »Damit eurer Ehe niemals die Würze ausgeht.« Auf die Salzstreuer haben unsere Freunde verzichtet. Dafür haben wir jetzt ein halbes Dutzend neue Zahnspangendosen, teilweise wirklich aufwendig handbemalt. Und natürlich kommt keine Rede ohne die Schlagwörter Nase, Schnarchen, Zahnspange aus. Der gute Dr. Raimund Blum, den wir als den eigentlichen Ehestifter auch eingeladen haben, wird von Minute zu Minute roter vor Scham. Vor allem als Lenas Vater in einem sentimentalen Anfall sagt: »Ich bin mir sicher, dank Ihnen werde ich schon bald meine Enkel im Arm halten.«

Später sehe ich Raimund an der Bar stehen. Der schnarchende Andi – in den letzten Jahren ist er noch dicker geworden als ein Kodiak-Bär – erkundigt sich noch mal ganz genau nach der Funktionsweise der Zahnschiene. Wenn ich das im Vorbeigehen richtig gehört habe, hat er sich schon mal einen Termin in Freiburg gemacht. Und ich denke: Vielleicht sollte ich Raimunds Sales- und Marketing-Manager werden.

Lena ist etwas irritiert darüber, dass ihre Anna den

ganzen Abend nicht von Tonis Seite weicht: »Hast du gesehen, dass sie ihn beim Dessert mit Kaiserschmarrn gefüttert hat?«

Natürlich hatte ich. Ich sage: »Ich glaube, die trinken sogar aus demselben Rotweinglas.«

In der Bar haben derweil Andi und der Raimund längst Brüderschaft getrunken, am anderen Ende der Theke animieren Lukas und Dorfmann die Wirtsleute zum forcierten Mittrinken. Dorfmann ist jetzt auch unter Kontrolle. Erst in letzter Sekunde konnte er davon abgehalten werden, die Kerze, die Pfarrer Schwarzeneder als Deko und Glücksbringer für den Altar mitgebracht hatte, in dem leeren Gulaschsuppentopf einzuschmelzen. Am nächsten Morgen gibt es trotzdem ein kleines bisschen Ärger, weil Dorfmann das Rotwein-Obstler-Wodka-Gemisch aus seinem Magen direkt in den Wassertrog für die Kühe entleert hat. Der Ziegenstall bleibt ihm trotzdem erspart.

Kein Wunder, dass die Hüttenbetreiber noch Jahre später von unserem Gelage mit einem Respekt sprechen sollten, als hätten sie eine Horde Wikinger in Armani-Anzügen zu Gast gehabt.

Unsere Eltern sind längst im Bett, die meisten Verwandten auch. Toni und Anna habe ich ziemlich bald aus den Augen verloren; ich hoffe nur, dass es nicht in einem gewaltigen Drama endet. Da grinst Lena mich an, hebt die Augenbrauen und sagt: »Hochzeitsnacht?« Und als wir sicherheitshalber die Tür hinter uns abschließen, denke ich: Lena, die Spange und ich. Jetzt sind wir eine richtige Familie.

epilog

Ein paar Monate später wundere ich mich über Lenas erstaunlichen Heißhunger auf Eis und Süßigkeiten, den sie neuerdings immer häufiger entwickelt. Aber nicht mal der am nächsten liegende Gedanke liegt nahe genug für mich. Eines Abends aber finde ich ein kleines Päckchen auf dem Küchentisch, als ich von der Arbeit heimkomme.

»Ich hab dir was aus der Stadt mitgebracht.«

»Und hast es extra einpacken lassen?«

»Mach's halt auf!«

Ein Paar Adidas-Turnschuhe – so groß wie eine Zigarettenschachtel. In meinem Hirn rattert es kurz. Wow! Und Lena ist sogar schon im dritten Monat.

Von einem Tag auf den anderen verschwinden die Aschenbecher aus unserer Wohnung, Lena trinkt dauernd Clausthaler und schleppt mich auch noch in so einen ultra-esoterischen Geburtsvorbereitungskurs. Ein Typ namens Rüdiger, von dem ich annehme, dass er Bäume umarmt und mit Blumen redet, versammelt die werdenden Väter zu einer Männergruppe. Er zeigt einen Geburtsfilm und möchte anschließend mit uns über unsere Gefühle und Ängste sprechen. Die einzige Angst, die ich habe, ist, ausfällig zu werden.

Und dann geht alles ganz schnell. Lena trägt eine Kugel vor sich her, als würde sie mindestens Drillinge bekommen, und die wird auch noch von Woche zu Woche gigantischer. Und das kleine Mädchen, das es sich darin eigentlich sehr gemütlich gemacht zu haben schien, wird plötzlich ganz hektisch und ungeduldig. So ähnlich wie sonst immer nur die Mama. Ich bin mit Toni und den Jungs in der Kneipe zum Fußballgucken verabredet, gerade hab ich das erste Bier bestellt, da klingelt mein Telefon. »Linda will raus«, sagt Lena.

Es ist ein wahnsinniger Lärm um mich rum. »Was?«

»Ich hab einen Blasensprung.«

Ich bin so überrumpelt, dass ich mir gar nicht erst Gedanken darüber machen kann, was auf mich zukommen wird. Immerhin packe ich vor dem Losfahren noch schnell meinen Laptop ein.

»Wofür brauchst du den denn?«, fragt Lena mit wehengeplagtem Gesicht.

»Das Spiel? Wo ist denn der TV-Stick?«

»Ey, ich hab jetzt andere Sorgen. Und du auch.«

Als wir im Krankenhaus ankommen, sagt der Arzt, Lena müsse jetzt untersucht werden. »Wir wollen noch eben die Herztöne des Kindes abhören.«

»Wie lange dauert das ungefähr?«, frage ich scheinheilig interessiert.

»Eine Dreiviertelstunde.« Ich denke: Yes! Und als er den Behandlungsraum verlässt, klappe ich den Computer auf.

Knapp zehn Minuten vor Abpfiff steht es 2 : 0 für die Bayern, da kommt der Arzt wieder rein. Er wirft einen fassungslosen Blick auf mich und den Laptop, dann schaut er sich die Daten an.

»So, klappen Sie das Gerät mal zusammen. Sie werden jetzt Papa.«

Der Kreißsaal sieht irgendwie aus wie eine Mischung aus Reha-Zentrum und Indoor-Kinderspielplatz. Sie sind hier auf Wassergeburten vorbereitet, auf die Niederkunft im Kopfstand, was weiß ich. Auf jeden Fall ist es weniger blutrünstig, als ich befürchtet hatte. Das alles läuft vor mir ab wie ein Film auf der schnellsten Fast-Forward-Stufe. Nach etwa drei Stunden liegen wir alle zusammen in unserem sogenannten Familienzimmer. Lena sieht komplett erschöpft, aber auch unfassbar glücklich aus. Und zwischen uns liegt dieses winzige, verschrumpelte, wunderbare Elfenwesen.

Linda kommt allmählich zur Ruhe. Sie hört auf zu schreien und schläft schließlich friedlich ein. Und genau in diesem Moment entfährt ihr ein gewaltiges Grunzen. Lena reißt fassungslos die Augen auf. Dann sieht sie mich an. Ich ducke mich schon, ernte aber nur ein entrücktes Lächeln. Als Antwort zucke ich entschuldigend mit den Achseln, ein fettes Grinsen im Gesicht. Linda ist das alles egal. Sie ist selig eingeschlafen und schnorchelt jetzt ganz regelmäßig vor sich hin, *rrrchhht – pfü – rrrchhht – pfü – rrrchhht – pfü.*

Meine Tochter. Da liegt sie und schnarcht. Ich liebe sie.

anmerkung

Dichtung und Wahrheit liegen manchmal eng beieinander – so auch in diesem Buch. Die meisten der Geschichten und Anekdoten sind wirklich so passiert, andere sind frei erfunden – das sind die harmloseren. Die medizinischen Hintergründe allerdings entsprechen dem aktuellen Stand der Forschung. Ich habe auch allen handelnden Figuren und Schauplätzen neue Namen und Eigenschaften gegeben, Ähnlichkeiten zu realen Personen sind deshalb natürlich komplett unbeabsichtigt. Ehrenwort. Wer sich erkannt oder, schlimmer noch: verkannt fühlt – ich bitte um Verzeihung.

danke

Ich bin vielen Menschen zu Dank verpflichtet. Da sind zunächst mal Professor Dieter Riemann vom Schlaflabor der Universitätsklinik in Freiburg sowie Dr. Dr. Edmund Rose, der inzwischen auch Professor ist und eine eigene Zahnarztpraxis am Zürichsee betreibt. Ohne diese beiden hätte es sicher kein Happy End gegeben.

Ich danke Christian Gottwald für diesen wundervollen Buchtitel und Jan Weiler fürs Vorablesen und seine hilfreichen Ratschläge. Am tiefsten in der Schuld stehe ich bei Juan Moreno, der sich unendlich viele Stunden mit mir und meinem Manuskript beschäftigt hat – das gewaltige Buchstaben-Donnerwetter war schmerzhaft, aber äußerst reinigend.

Meinem Agenten Thomas Hölzl vielen Dank für seine schier buddhistische Geduld beim Warten auf das Exposé und für die vielen klugen Tipps und motivierenden Worte, als es dann endlich mit dem großen Ganzen losging.

Vor allem aber danke ich meiner Frau – dass sie trotz all des Irrsinns doch noch bei mir geblieben ist. Und mir den Rücken freigehalten hat, um das alles aufzuschreiben.

Stephan Orth / Antje Blinda

Sorry, wir haben die Landebahn verfehlt

Kurioses aus dem Cockpit

ISBN 978-3-548-37326-3
www.ullstein-buchverlage.de

Vergessene Triebwerke, Piloten ohne Orientierung, Kühe auf der Landebahn: So manche Durchsage an Bord eines Flugzeugs treibt selbst erfahrenen Passagieren die Schweißperlen auf die Stirn. Hunderte von Lesern haben ihre Erlebnisse aus dem Cockpit an *Spiegel Online* geschickt – die besten und lustigsten Zitate und Anekdoten sind in diesem Buch versammelt. Also schnallen Sie sich an, klappen Sie die Tische hoch, und stellen Sie die Sitzlehnen aufrecht. Denn: »Meine Damen und Herren, das wird ein holpriger Ritt!«

»Sie brauchen nicht nervös zu sein, der Kapitän ist es auch nicht – und der macht den Anflug zum ersten Mal!«

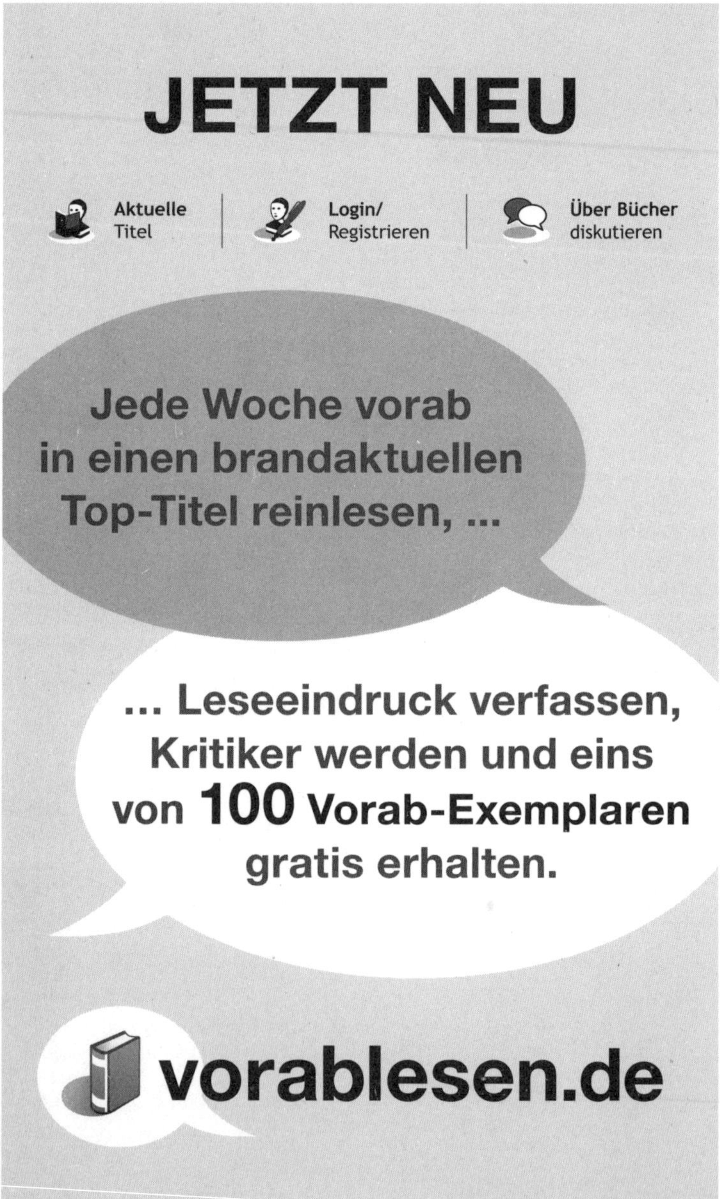
JETZT NEU
Aktuelle Titel
Login/ Registrieren
Über Bücher diskutieren
Jede Woche vorab in einen brandaktuellen Top-Titel reinlesen, ...
... Leseeindruck verfassen, Kritiker werden und eins von 100 Vorab-Exemplaren gratis erhalten.
vorablesen.de